기일혜 수필집 40

내 가난은 내 평안이다

기일혜 수필집

마흔 번째 이야기

내 가난은
내 평안이다

크리스찬서적

머리말

아들에게서 안부 전화가 와서, 나는 아들에게 부탁한다.

다음 주일에 와서 원고(40집) 출판사로 좀 보내 달라고.

아들은 대답은 않고 조언만 한다.

"엄마, 기한을 정하고 일하는 건 좋지만 '시간의 노예'가 되지는 마세요."

전에도 아들은 내가 책 빨리 내는 데 대해서, 조언했다.

"실적(實績) 위주로 일하지 마세요." 내가 발끈했다.

"나는 하나님이 글 소재(素材) 주시지 않으면 못 써. 주시니까 쓰지. 그런데 그걸 내가 썼다고, 사람에게 자랑하겠니?"

"저도 그런 경험이 있어서 말한 거예요. 사람이 실적을 내면 그걸 의식하게 되더라고요."

"알았다. 알았어. 네 말은 참고하마."

그런데 이번엔 또 '시간의 노예' 운운해서, 해명한다.

"나는 하나님의 시간(카이로스) 허비하지 않고 아껴 살아서, 이번 책(40집) 빨리 내는 거야. 내가 시간을 창조한 거지, 시간의 노예처럼 매여서 쓴 건 아니라고."

이 구구한 얘기를 여기에 다시 쓰는 건, 독자 중에도 아들같이 생각할 사람이 있을지 몰라서, 그런 독자에게 해명하느라고 쓴다.

2019년 9월 26일 기일혜

차례

2부_ 맨발로 뛰어가는 어머니

3부_ 토종 할미꽃

4부_ 나를 위한 응원가

1부

끝없이 깜박이고 가는 버스

옛날을 그리워하는 사람

TV에서 〈솔베이지의 노래〉가 애달프게 흘러나온다.

노르웨이 작곡가 그리그의 곡을 노르웨이 출신 여가수가 부른다. 듣고 있으면, 나도 모르게 눈물이 나오는 명곡이다. 그 음악 속에 인간의 모든 그리움과 사랑이 담겨 있다고 한다. 그 음악을 들으면서 나는 어떤 사람을 생각한다.

몇 년 전 열차 안에서 만난 '진짜를 찾아가던 여인….'

그에게 책을 보냈는데 받았다는 전화가 온다.

"책 잘 받았어요. 감사해요. 저는 말을 잘 못해요. …저를 과분하게 아시는 것 같아요…."

"현이 님(60대)에 대한 글 읽어 보셨어요?

제가 정직하게 썼습니다."

나는 지금 그 현이 님을 생각하면서 그리워하고 있다.

그가 말을 잘하고, 잘 만나 줘도 그리워할까.

얼마 전이던가. 그의 집 근처 정읍에서, 만나자는 내 부탁 전화도 그는 바쁘다고 거절한다. 정숙한 수줍음 때문일까…?

나는 그가 지닌 옛날을 그리워한다.

끝없이 깜박이고 가는 버스

"새벽 네 시면 일어나서 꽃 시장에 가요. 겨울이면 차 안이 얼마나 추운지…."

"그 캄캄한 새벽에 안 무서워요? …운전 조심하세요."

"몇십 년 다닌 길이라 괜찮아요. 나는 새벽에 오가는 그 길이 좋아요. 주님과 얘기하면서 가거든요. 혼자 주님께 말해요. 막 울기도 하고. 소리 내어 울어도 안 들리니까….

한번은 좀 늦었는지 길에 차들이 꽉 찼어요. 버스가 한 대 기다리는데 다 안 비켜 줘요. 내가 비켜 주니까, 가면서 계속 불을 끝없이 깜박거려요. 고맙다고."

"그랬어요. 얼마나 주님이 기뻐하셨을까? 다 바쁜 아침 시간이라 아무도 안 비켜 주는데… 그 버스 기사가 얼마나 고마웠으면 끝없이 불을 깜박이고 갔을까…."

나는 가끔, 끝없이 불을 깜박이고 간 버스 기사님을 생각한다. 한없이 고마워했을 버스 기사님의 마음이 그리워진다.

꽃집 박 선생님에게도 한없는 고마움과 그리움을 보내면서.

훌륭한 이영순 님

경남 울주 현주 님 이웃에 사시는 이영순 님.

그는 '독서 지도 선생님'으로, 동네 할머니들 장 심부름도 하고 노인들을 차에 태워도 주신다.

그 댁을 찾아간 우리 일행에게, 그는 다과를 내놓고 어느 책에 나온 자기 글을 읽어 준다. 친정어머니 이야기인데, 감동적이다. 그러나 나는 그에게 조언한다.

"내 이야기만 아니라, 남의 이야기도 이렇게 감동적으로 써야 합니다."

"그게 잘 안 돼요." "남의 글 많이 읽고 써 보세요."

그러나, 나는 그에게 이 말을 강조한다.

"당신이, 반찬 잘해서 이웃과 나누고 동네 노인들 장 심부름도 하고, 보행 불편한 노인들 태워다 주는, 이 작은 것 같은 삶이 얼마나 가치 있고 위대한 일이라는 걸 아시는지요?

요즘, 글 잘 쓰는 여자들 너무 많아요. 그러나 당신같이 배운 여자가 귀농해서 이웃을 돕는 여자는 드물어요. 그래서 영순 님 당신은, 지금 그대로, 아주 훌륭합니다."

여진 님의 유쾌한 정직

여진 님이 새댁 때, 시댁에 가서 일어난 이야기다.

시어머님이 무를 한 개 내주면서 생채를 하라고 하셨다. 채썰기에 서툰 새댁이 썰다 보니, 크고 작고 들쑥날쑥이다. 너무 큰 건 여진 님이 집어 먹고, 생채를 만든다.

시어머님이 나와서 보시고 하시는 말씀.

"무 하나가 이것밖에 안 되니?"

며느리는 무안해하면서 대답한다.

"크게 썰어진 건 제가 다 먹어 버렸어요."

이 귀여운 정직. 시어머니는 웃기만 하시고.

나는 도마에서 무를 썰 때면 가끔 귀여운 정직의 여진 님을 생각하면서 웃는다. 주님도 네가 정직하면 내가 유쾌하다고 하셨다. 성경 잠언의 말씀이다.

"만일 네 입술이 정직을 말하면 내(하나님) 속이 유쾌하리라"(잠언 23:16).

가지나물 맛없는 건, 가지 때문이야

"근데 선생님 제가 음식을 잘 못해서. 죄송해요. 세상에서 이렇게 맛없는 가지나물은 첨 봤어요. 아까 양념해서 처음엔 맛이 괜찮았지요. 그러더니, 이게 뭐예요."

"가지가 본래 심심해요. 처음에 양념했을 때 맛있는 건 양념 맛이고, 얼마 지나 먹으면 맛없는 건 가지가 양념을 먹어서 그래요. 그래서 심심한 거지요."

"선생님 우리 딸이 엄마가 한 음식은 맛이 없대요. 아예 하지 말래요. 못 먹겠다고. 선생님 어쩌면 좋아. 그러나 게 무침은 잘해. 우리 손주가 좋아해요. 할머니 게 무침이 가장 맛있대. 언젠가 명절에 계단을 올라오면서 손자가 말해요. '할머니 게 무침 했어요?' 하고. 얼마나 귀여운지. 그래서 명절날은 꼭 해요." 귀여운 사람은 손주보다 손주 할머니인 내 친구… 정직하고 꾸밈없는 친구의 이야기. 눈물이 나도록 재미있다. 친구 집에서 저녁 먹을 때, 가지나물 맛없다는 얘기, 여러 번 한다. 그런 친구를 내가 위로한다.

"가지나물 맛없는 건, 가지 때문이야."

꿈에서도 개구리 잡는 사람

어느 날 오빠와 나눈 얘기 한 토막이다.

"오빠, 서삼(내 출생지) 숲실 옆에 '자리밑'이라고 있지요. 자리밑 양반 딸이 서삼학교 선생님 했다는데, 알아요?"

"아아, '미사키 선생'. 그래, 우리 가르쳤지."

"그때 미사키 선생이 공주사범 나왔다면서요?"

"자리밑 양반이 부자고 똑똑했어."

"그런데 왜 미사키 선생이 그렇게 일찍 죽었어요. 남편이 판사였다지요?"

"암으로. 그때. 암에 개구리가 좋다고 해서 우리도 개구리 많이 잡으러 다녔다. 나는 자다가도 일어나서 막 개구리 잡았단다. 나는 모르는데 할머니가 그러시더라."

어려서 할머니와 같이 산 오빠는 자면서도, 꿈속에서도 담임 선생님 위해서 개구리 잡으러 다녔다. 오빠는 그 선생님을 좋아하고, 어떻게든 개구리 많이 잡아서 선생님 병 낫게 하고 싶었다. 오빠는 예리한 이성과 순정을 다 가진 귀한 사람이다.

귀한 것일수록 나눠야 한다

영암 조 선생님에게서 온 귀한 감자를 나누지 않고 아껴두고 있다. '좋은 것 다 남 주지 말고, 남편 생각도 좀 하세요' 하는 친구의 충고를 받아들여서.

농약 안 하고 잘 키워서 보내 주신 감자. 그런데 이상한 일이다. 어느 날 그 감자를 먹으려고 꺼내서 보니 겉은 멀쩡한데 속에 구멍이 생겼고 그 주변이 새까맣다. 꼭 속병 든 사람 같다. 그 감자 속 도려내고 나면 먹을 게 별로 없다.

동생이 어느 날 내게 이런 질문을 한다.

"언니는 작가니까, 어디 알아맞혀 봐. 아끼똥이 뭔 말인지?"

무슨 외국 제품 이름인가 하다가 얼른 생각이 안 나서, 동생에게 말한다.

"작가가 무슨, 그런 거 아는 게 작가냐. 꼭 무슨 재치 문답 같다."

동생이 막 웃으면서 말한다.

"아끼다가 똥 된다는 말이라네."

비유가 좀 그렇지만 그럴듯하다.

그러나 내 경우는 아니다.

그 감자는 아끼다 똥이 된 게 아니다.

내게 교훈을 준다.

'귀한 것일수록 더 나눠야 한다'는.

애다 사모

벌교 호동교회 애다(愛多) 사모와 약속이 있어서 용건(用件)으로 갔다. 그런데 사정이 있어서 그날의 약속인 강진행은 취소하고, 그 댁에서 하루 쉬기로 한다.

그날 아침 도착했을 때, 나를 본 사모의 말 한마디가 그 댁에서 종일 지내게 한다.

"작가님은 20년 전 처음 만났을 때나 지금이나, 하나도 안 변했어요. 얼마나 변했을까 했는데…."

사모는 내가 20년이 지나도 안 변했다고 한다. 그는 내 얼굴의 노화된 외모를 보지 않고 내 정신이나 영혼을 본 것이다. 그는 미모에다 예술 감각이 있어서 나하고는 취향이 다를 거라고 긴장하고 있었는데, 내 정신과 영혼을 알아보다니, 맘 놓고 그에게 안착(安着)한다. 애다 사모의 내면과 20년 만에 만나는 시간이다.

그의 말 한마디가 내 영혼을 살아나게 해서, 그를 새롭게 인식하고 새롭게 만나는 동기가 된다. 밤에 내 숙소로 갈 때까지 온종일을 애다 사모와 함께 있었다.

보리굴비 두 마리

애다(愛多) 사모는 오늘 순천에 강의 들으러 가야 하는데, 취소하고 나를 만나 주고 있다.

그 댁에서 점심 들고 오후에도 쉬고, 하루 온종일을 놀면서 쉬고 있다. 저녁 식탁엔 커다란 보리굴비가 두 마리나 올라온다. 감자 풋고추 가지 양파 넣고 비린내 가시게 참기름도 듬뿍 부어서 만든 서대 조림도 올라오고…. 고추장에 넣은 굴비 장아찌도 나오고(아침). 남도 여인들 음식 솜씨는 전문가 수준이다.

종일 그 집 주방에 앉아 있노라면, 그 집 주부의 마음 씀이 생생하게 보인다. 손님 밥상 차리는데 '아낌없이' 하는지, '아끼면서' 하는지 다 알 수가 있다. 치사하게도.

이렇게 치사한 인간을 잘 섬기는 게 인간관계의 비법이 아닌가 한다.

커다란 보리굴비 두 마리에도 감동하고 울컥해지는 나.

이렇게 남부끄러운 데가 많은 인간이 나다.

한국 부인, 한국 어머니

동해남부선 열차 안에서 처음 만나, 친구가 되어 내가 찾아간 울주 차현주 님(73세). 그 댁에서 만난 장영자 님(70세).

그날, 장영자 님을 식당에서 처음 만나, 저녁 먹고 현주 님 댁에 갔을 때. 무슨 말 끝에 그가 자기 친구인 현주 님을 보면서 내게 소개하듯이 한마디 한다.

"저이는 '한국 부인'이라."

한국을 대표하는 전형적인 부인이라는 말이다.

내가 영자 님의 비범한 표현력에 놀라서 한마디 한다.

"당신은 한국 어머니네요."

내가 이번에 울주에 가서 경상도 여인들 몇 분과 사귀게 되었다. 장영자 님, 이영순 님, 가영 엄마, 박견자 님.

겁이 많은 나는 처녀 때, 경상도 남자한테는 시집도 못 가는 걸로 알았는데, 이제는 포항 울산 울주에도 내 친구가 있다. 대구 부산으로도 내 우정의 지경(地境)을 넓혔으면 한다.

'1년에 몇 번이고 오소. 밥 걱정은 말고.'

장영자 님의 정스런 말을 나는 마음에 두고 있다.

꽃밭에서 가진 출판 기념회

내 수필집을 위해서 정식으로 출판 기념회 한 적은 없다.

오래전에 친구와 한두 번 점심 먹은 기억은 있다. 그리고 오늘 밤, 나와 꽃집 박 선생 둘이 앉아서 서른아홉 번째 기일혜 수필집 나온 기념으로 저녁을 먹는다.

꽃으로 둘러싸인 작은 원탁에 김밥 두 팩, 순대 한 팩, 우거짓국 한 대접을 놓고 박 선생과 나는 마주 앉았다.

박 선생이 말한다.

"지금까지 살면서 마음이 늘 허했는데 이 책으로 채워져요. …저는 작가의 의도를 안 놓치려고 두 번 세 번 읽어요."

나는 출판 기념회라는 말에 거부감을 가진다.

새 책이 나오면 작가는 다음 책을 위해서 고요하게 침잠하면서, 소음을 피할 일이다. 세상으로 난 문을 닫아야 한다.

내 영혼의 골방으로 들어가야 한다.

한동안 칩거, 은둔해야 한다.

그렇게 살아야 내 심안(心眼)이 깨끗해진다. 깨끗해져야, 인간을 깊이 잘 볼 수가 있다.

소설가의 이름으로

독일의 시인, 소설가인 헤르만 헤세는 습작과 독서에 생명을 깎는 노력을 했다.

"할아버지가 물려준 엄청난 장서, 18세기 독일 문학과 철학의 전체가 포함되어 있었다. 16~20세 사이에 나는 수없이 많은 습작 시를 썼을 뿐 아니라, 전 세계 문학의 절반가량을 읽었으며 예술사, 어학, 철학 공부에 끈기 있게 매달렸다. 대학을 마쳤다고 해도 될 만큼의 노력과 분량이었다"(헤세는 대학 교육을 거부한 것으로 기억한다).

나는 헤세의 다음 글을 몇 번이나 읽었다.

> "농부들은 복이 있으라. 소유하는 자들과 정주(定住)하는 자들은 복이 있으라. 성실한 자들과 덕망 있는 자들은 복이 있으라! 나는 사랑할 수 있다. 그들을 숭배할 수도 있다. 심지어 그들을 질투할 수도 있다.
> 그러나 그들의 미덕을 모방해 보려다가 나는 생의 절반

을 탕진했다. 나는 내가 아닌 것이 되려고 했다. 시인이 되기를 꿈꾸었으면서도 시민의 삶 또한 차지하고 싶어 했다. 예술가이자 환상의 숭배자가 되기를 원했으면서도 덕망의 삶 안주의 삶을 누리려고 했다. 나는 오랜 시간이 지나서야 사람이 두 가지를 다 가질 수 없음을 깨달았다. 오랜 시간이 지나서야 나는 스스로가 농민이 아닌 유목민인 것을 깨달았다. 보존하는 자가 아니라 추구하는 자임을 깨달았다."

'소설가는 보존하는 자가 아니라 추구하는 자.'

빗속에 건너는 거문도 다리

벌교 양엽 친구 집에서 나와, 고흥 금산면으로 가는 길.

폭우가 내리치는 속을 승용차로 달린다. 전에 거문도에 가려면 배를 타고 건넜다는데 지금은 긴 다리가 놓아졌다.

조 목사님이 운전하시는데 빗줄기에 차가 부서질 것 같다. 다리 건너기 전. 도로변 야산에서는 붉은 흙탕물이 콸콸 쏟아져 내리고, 앞서가는 차도 보이지 않고, 아슬아슬하고 위험하다. 겁이 난 내가 목사님에게 부탁한다.

"천천히 운전하세요. 차가 물에 잠길 것 같네요."

"세차 잘 되겠네요."

목사님은 불안해하지 않고 여유롭고 태연하시다. 쏟아지는 폭우를 즐긴다고나 할까. 바다도 잠잠케 하시는 예수님의 친구인 목사님은 놀라지 않는다. 예수님은 바다를 보고 놀라는 베드로에게 '이 믿음이 작은 자야' 하시었다.

지금 조 목사님은 내게 '이 믿음이 작은 자야' 하실 것 같다. 나는 약간 부끄러워하면서 옆에 계신 사모님을 보니, 아무런 표정도, 말씀도 없으시다.

비는 계속 무섭게 퍼부어서 한동안 차에 갇혀서 사택으로 들어가지도 못했다.

'저 폭우를 어느 사람의 힘으로 막을 것인가.'

저 폭우를 보면서, 인간의 한계를 절감하고 신의 존재, 하나님의 존재를 인정해야 한다.

이튿날 어느 교인이 말한다.

"이번 비가 금산면(금장교회가 속한 면)에만 이렇게 많이 왔대요."

> "예수께서 이르시되 어찌하여 무서워하느냐 믿음이 작은 자들아 하시고 곧 일어나사 바람과 바다를 꾸짖으시니 아주 잔잔하게 되거늘"(마태복음 8:26).

119 부르기보다 먼저 한 일

작년에 남편이 간염으로 응급실에 간 적이 있다.

그날 저녁에 이런 일이 있었다.

저녁 식사 후. 남편은 열이 좀 난다고 하더니, 손을 조금 떨면서 눈동자에 힘이 빠진다. '이러다가 죽겠구나.'

나는 남편에게 구원 확신부터 시킨다. 내가 보기에 남편은 구원 확신이 없어 보여서. 한 사람의 구원은 하나님만 아실 일이지만 내 보기에 그렇다는 것.

"여보, 사람은 다 죄인. 죄인은 하나님 나라 못 가요. 죄 지으면 다 죽는데, 예수님이 대신 죽어서 당신 죄 씻어 줬어요. 그걸 믿기만 하면 돼요. 그 예수님 믿어야 하나님 나라에 가요…." 119 부를 생각보다 구원 확신부터 시킨다. 그러자 남편 얼굴은 점점 살아난다. 아들들이 왔을 땐 화기가 돌고 멀쩡한 사람이다. 그러나 응급실에 한번 가 보기로 한다.

사람은 예수님을 믿고 죄 용서함 받아야 천국에 간다.

분초를 다투는 생명의 위기에, '119보다 먼저 구원 확신'은, 하나님이 내게 주신 믿음이요 지혜라고 생각한다.

먼 하늘에 구름만 떠도

아침 산책할 때 공원에서 보는 숲 위로 보이는 푸른 하늘을 보면, 눈물이 나고 서럽고 그립고 누군가가 보고 싶어진다. 언젠가는 하늘이 푸르러서 정죽 님 만나러 수유리까지 갔다. 오늘은 누구를? 가까운 이웃인 박 선생이라도 만나러 갈까 하다가 참는다.

'그리움은 자주 안 만나야 쌓이는 마음의 비축이니까.'

젊어서 사랑할 때, 푸른 보리밭을 보면 죽고 싶었다. 그 아름다움, 환희는 내가 감당 못할 만큼 큰 것이었기에. 용량 초과라고나 할까. 그때는 아름다운 것 보면 왜 죽고 싶었는지 몰랐다. 이제 생각하니 그 환희를 감당해 낼 만큼 내 감정의 그릇이 작았다. 그러니까 터지려고, 죽으려고 하지 않았겠는가. 이제는 그렇게 죽도록 그리운 사람도 없다. …먼 하늘에 구름만 떠도 우리 주님 오시려나, 했던 성도들이 있는데, 나는 그 하늘을 보면서 사람을 더 그리워한다. 아직도 멀었다. 이렇게 멀고 먼 나도 주님은 사랑하신다.

내가 하나님의 자녀니까.

내 생애 최고의 행운

"작가님. 저는 전주 사는 전미영이라고 하는데요.

선생님 책을 구입하고 싶어서요."

어느 날 이런 전화가 왔다. 순천 이 선생의 조카라고 하면서.

"이 장로님(이 선생)이 숙모님이어요."

"그래요. 어머 그러세요. 숙모님을 참 잘 두셨네요."

"제 생애 최고의 행운이에요."

나는 전미영 님을 다시 보기 시작한다. 그 사람 친구를 보면 그 사람을 알 수 있다고 하듯이, 이 선생 질녀 됨이 최고의 행운이라는 그가 다시 보인다.

그는 집에다 한 질(1~38집)을 두고 자녀들도 읽으라고 하고, 더 주문해서 읽을 만한 자기 교회 교인들에게도 나누겠다고 한다.

그날 오후. 나는 출판사 양 과장님에게 전화한다.

이러이러한 분이 내 책 주문했느냐고. 과장님은 전주 그 독자가 책 주문하고 대금도 선불(先拂)했다고 한다.

나는 곧 전주 독자에게 문자 편지 보낸다.

"당신은 내게 한 말을 곧 그대로 실행했네요. 이제부터 당신은 내 친구예요."

요새는 친구 하나 얻기가 얼마나 어려운데, 나는 전주 전미영이라는 새 친구를 얻었다. 이 기쁨을 순천 이 선생한테도 알린다.

"이 선생, 당신은 시댁 질녀에게도 당신 만난 것이 최고 행운이라는 인정을 받았으니 참 잘 산 인생입니다. 그리고 내게 좋은 친구 소개해 줘서 고맙습니다."

전주에 가면, 얼굴은 모르지만 마음으로 친구가 된 그를 꼭 만날 것이다.

글이 육성(肉聲)으로 들린다

내 책을 내는 출판사에 편집실장님이 새로 오셨다.

나와 몇 번 만나고 하신 말씀.

"선생님하고 만나고 글(기일혜 원고)을 보니까, 글이 육성(肉聲)으로 들려요."

남의 글은 남의 영혼, 이해하기가 쉽지 않다. 그러나 그 실장님이 나를 거듭 만나면서 내 글이 문자 아닌 육성으로 들리듯이, 나도 실장님을 처음 만나고 나서, 내 원고 교정 볼 때는 실장님의 눈으로 보아졌다. 글 내용의 창의적인 보완이나 어색하고 애매한 표현을 다듬지 못하고 문법, 표준말 틀린 거나 잡아내고 있었다.

실장님을 거듭 만나게 되자, 그로부터 자유함을 얻어서 맘 놓고 내 원고를 본다. 표준말이나 문법에 얽매이지 않고 내용에만 집중하게 된다. 한마디로 내 글에 대한 창의성이 살아난 것이다. 자유함에서 창의성이 나온다.

사람의 만남이란 그렇게도 중요한 것이다.

작은 그릇도 요긴하게 쓰인다

벌교 호동교회 목사님 댁에 들렀다. 그날은 강진에 계신 어느 목사님 뵈러 가자고 약속이 된 날. 사모의 차로 강진까지 동행하기로 했는데, 그 목사님 모시고 있는 자부로부터 전화가 온다. 그 목사님(88세)이 내가 뵈러 간다고 하니, '기일혜가 누구냐, 나 그런 사람 생각도 안 난다', 하셨다고.

나는 그 소식을 애다 사모에게서 전해 듣고, 강진행을 취소한다. 사모는 내게 조언한다.

"작가님 끝까지 다 봐야 하잖아요. 아름다움만 간직해선 안 되지요."

좋은 충고의 말씀이나, 나는 그 목사님께 대한 좋은 기억만 간직하려고 한다. 나를 못 알아본다는, 그 상실감은 충격이다. 그 상실감을 도저히 견뎌 낼 수 없을 것 같다.

이것이 내 한계다. 나쁜 일도 경험해야 내가 커지는데, 나는 어찌할 수 없는 작은 그릇이다. 그러나 작은 그릇도 요긴하게 쓰시는 주님 믿고, 나는 작아도 꿋꿋하게 산다.

벌교 친구의 남편

벌교 친구 송양엽 님을 순천에서 만났다.

고흥 금장교회 조 목사님 사모님이랑 함께. 같이 점심 들고 얘기도 나누는데, 양엽 님은 10여 년 전에 한 번 만난 적이 있어서 가물가물했으나, 만나 보니, 늘 만나는 허물없는 옛 친구처럼 편안하다. 나와 심성이 비슷하기 때문이다.

양엽 님과 헤어져서 그는 벌교로 가고, 나는 조 목사님 따라서 고흥으로 가야 하는데, 서운하다. 양엽 님에게 넌지시 알아본다.

"여기까지 왔는데, 당신 집에 가서 차 한 잔 마셨으면 하는데, 어떠세요? 당신 남편이 싫어하시면 그만두고요."

"아니요, 싫어 안 해요. 남편이 조 목사님 좋아해요."

"그럼 갑시다. 여기까지 왔으니, 친구 남편 만나고 가면, 더 좋지요. 나를 서울에서 온 친구라고 소개하세요. 남편에게."

빗속을 뚫고 한참을 달려서 양엽 친구 집에 도착한다.

무성하게 우거져서 긴 울타리를 이룬 블루베리가 주렁주

렁 열려 있다. 양엽 친구가 블루베리를 따서 내 손에 쥐어 준다.

벌을 키운다는데 집에는 벌통이 보이지 않고 거실처럼 쓰는 방에 큰 벌꿀이 담긴 플라스틱 대형 통이 놓여 있다.

너무 부지런해서 아내인 친구가 힘들다는 그의 남편.

게으름과 무지가 죄라는데 부지런함은 그렇게 나무랄 게 아니다. 일하기 좋아하는 양엽 님의 남편. 존경스럽다.

친구 남편은 두 눈에 힘이 있고 빛이 나면서 살아 있다. 사람 대하는 게 대범하고 크다. 그렇다고 데면데면하지도 않고 자상하고 정스런 눈길로 옆 사람을 살피기도 하고. 그리고 뭣보다 놀란 건 그는 70대 노년 아니고 정정한 40대 장년처럼 젊다.

나는 단박에 그에게 호감이 가서 그가 내미는 밤꿀이 담긴 숟가락도 얼른 받는다. 그는 내게 밤꿀을 주면서 말한다. "물에 타지 말고 그냥 삼키세요."

나는 밤꿀 한 숟가락을 마른입에 넣고 삼킨다. 같은 꿀인데 물에 타면 희석이 돼서 약이 덜 된다는 말씀인가.

세상 글은 물 탄 글이 많다. 성경은 물 한 방울 안 들어간 하나님의 말씀이다. 그러므로 사람을 살리는 생명수가 된다.

궁금해서 못 참고

아침 8시 5분. 친구한테서 전화가 온다.

"책이 나왔는가, 궁금해서 도저히 참을 수가 있어야지요. 9월 초에 나온다고 했는데… 사흘 전부터 궁금해서. 오늘은 아침 여덟 시가 되자, 전화하려다 5분만 참자, 또 이른가 망설이다가 '에라 모르겠다' 실례고 뭐고 했지요."

"어젯밤에 책이 왔어요. 그러잖아도 갖다 드릴까 했는데, 무거운 책 이고 메고 다니지 말고 두 권만 보내라 해서, 주소 따님에게 물어볼까 했어요."

"당신은 하루가 금 같은 시간인데, 우리 집에 오시면 하루 아까운 시간이…."

"가서 만나서 얘길 해야 제가 힘을 얻지요. …오늘 저 못 오게 하면 병(病)납니다."

"오늘 태풍이 온다고 외출하지 말라고 하던데요."

"태풍 불면 엎드리면(?) 돼요. 오늘 기어서라도 책 가지고 갈 테니, 제발 못 오게는 하지 마세요."

"저야 황송하지만…."

열 시. 나는 책(열 권) 넣은 배낭 메고, 지하철로 두 시간 가는, 친구 집으로 향한다. 7호선 타고 가다가 3호선으로 환승, 양재역에서 신분당선으로 또 환승, 미금역에 내려서 분당선으로 바꿔 탄다.

친구 집 앞 지하철역에 내려서 가는데 바람이 세다. 길가 작은 나뭇가지도 많이 꺾어지고… 무엇이 태풍도 겁내지 않고 가게 하나. 친구에게 가는 내 마음의 힘이다.

두 노인 외출하다

친구 집으로 가는 도중. 신분당선 미금역에서 환승하는데 아들에게서 전화가 온다.

"엄마(79세) 오늘 태풍이 온다는데 외출하지 마세요."

"이미 외출했는데(오전 열한 시 반쯤)." "아버지는요?"

"아버지(85세)는 오후 두 시에 바람 좀 자면 외출하신다고 하더라."

"하아 하아 하아." 아들은 큰 소리로 웃는다.

못 말리는 노인들이라고 웃는 것인가.

친구 집에서 나와 집으로 오는데 바람이 세서 우산을 못 쓰고 비를 맞으면서 간다. 놀이터를 지나는데 큰 나무뿌리가 뽑혀 있고, 작은 나무가 뽑혀 내 길목을 가로막는다.

놀이터 옆으로 늘어선 관목(灌木)을 헤치고 간신히 내려간다. '내가 무모한 외출을 했나.' 전철역에 도착하니, 태풍 영향으로 전철이 지연된다고 방송한다. 기어서라도 가, 안 가면 병이 나, 이런 어거지는 살아 있다는 증거인가. 망발인가.

그 여인에게 드리고 싶은 5만 원

남쪽 어느 도시에서 서울로 가려는 아침이다.

그 여인의 조촐한 집. 하나뿐인 그의 방에서 하룻밤 쉬고, 나는 서울로 그는 직장으로 가야 한다. 나는 지갑을 꺼내서 남은 여비를 계산해 본다. 비상금 5만 원이 있고 2만 원이 더 있다. 비상금 가지고 다니는 사람을 부러워한 때가 있었는데, 지금은 나도 적지만 가지고 다닌다. 나이 먹은 내가 먼 데 가면 남편이 비상금 챙겨 준다.

2만 원으로 차표 사고 남은 돈 비상금 5만 원을 그 여인에게 주려고 한다. 다시 생각하니, 무궁화호 열차표가 2만 원 더 할지도 모른다는 생각이 난다. 5만 원 주어선 안 된다. 나는 웃으면서 그에게 이런 내 속내를 털어놓는다.

"당신에게 5만 원 드리려고 하다 생각하니, 오늘 차표(무궁화호)가 2만 원 더 하면 안 되니까 못 드리네요."

그는 웃기만 한다.

그와 헤어져, 가까운 역에 가서 열차표 값을 보니, 1만 8천 원이다. '5만 원 드리고 올걸…' 나는 아쉬워하면서 그에게 전화한다.

"차표 값이 1만 8천 원, 2만 원 안 되네요. 5만 원 드리고 올걸…" 하고 애석해하니, 그는 웃으면서 "그럼 다음에 주세요" 한다.

나는 유치한 방법으로라도 상대에게 내 마음을 전하면서, 이렇게 유치하게 산다. '그럼 다음에 주세요.' 그가 우스갯말로 했을지라도 나는 다음에 잊지 않고 그 여인에게 5만 원 꼭 드리려고 한다.

나는 이렇게 민망할 정도로 유치하게 살아가고 있다.

고상하게 살 줄 모른다. 그러나 괜찮다.

이렇게 유치한 나를 좋아하는 사람도 있으니까.

외모를 초월한 사람

중년도 같고 노년도 같은 분(70대 초반).

주님의 일로 어떤 모임에서 몇 번 만난 노년의 아저씨.

오빠도 같고 아버지도 같은 분. 남루할 정도로 꾸미지 않은 자연 그대로의 모습이다. 오늘도 모임이 있어서 만났다. 그에게 인사하면서 보니, 낡은 감색 양복 위에 하얗게 비듬이 떨어져 있다. 흰 꽃가루처럼 떨어진 비듬을 가만히 털어 드리면서, 누나처럼 안쓰런 맘이 되어 다독여 드린다.

언제나 허름한 배낭을 메고 있는 그. 그는 외모(外貌)도 보이지 않고, 드높은 것으로만 차 있는 영혼의 사람이다.

누가 예수님이 태어난 마구간을 더럽다 할 것인가.

누가 저 낡은 감색 양복 위에 떨어진 비듬을 보고 불결하다고 하겠는가.

마음만, 영혼만 보이는 사람. 무한대한 배려, 포용으로 신뢰를 주는 사람. 그를 보면 남루도, 비듬도 안 보이고 예수님 사랑만 보인다. 사람들은 그의 남루함, 비듬만 본다.

녹나무가 서 있는 마당

고흥 금장교회 목사관의 아침이다.

그날 낮, 주일 예배 드리기 위해 전날 밤 빗속의 거문도 다리를 건넜다.

아담하고 정결한 목사관에서 밤을 보내고 난 아침이다.

손님이 일찍 일어나 기척하면 안 되겠기에 가만히 창문 열고 뜨락을 내다본다. 넓은 마당 한쪽으로 연푸른 감나무가 몇 그루 서 있고, 교회당 입구 쪽에 수십 년 돼 보이는 준수한 나무 한 그루가 서 있다. 녹나무라고 하는데, 외국에선 캄포나무라 한다고. 소록도에 몇 그루 있는 귀한 나무라고 한다. 촘촘하고 결이 고와서 도마 만드는 데 쓰인다고.

나무둥치가 단단해 보이는데, 멀리서 봐도 그 나뭇결이 촘촘해 보인다. 내 방에 들어오신 사모님에게 녹나무를 가리키면서 말한다.

"사모님, 저 녹나무 나뭇결 좀 보세요? 얼마나 촘촘하고 조밀하게 보이는지…."

사모님은 한눈에 보시더니 머뭇거리지도 않고 한마디로

말씀하신다.

"…17세 소녀 머릿결처럼 곱네요."

아아아, 녹나무 결을 이렇게 정확하고도 아름답게 표현하시다니, 나는 감격한다. 갑자기 나의 아침이 찬란해진다. 모란이 피어야만 찬란한 봄은 아니다. 내 봄, 내 아침은 이렇게 사물을 정확하게 아름답게 보는 사람 하나만 있어도 찬란해진다. 아침 시간 내내 나는 녹나무를 바라보면서 내 찬란한 아침을 누리고 있다.

사람 사는 마당에 저 녹나무 한 그루만 있으면 된다.

더 무엇을 바라리요.

더 무엇이 있어 이 찬란한 아침에 돌을 던질 것인가.

내 얘기 좀 들어주세요

몇 년 전, 정죽 님이 들려준 얘기다.

얼마 전. 누가 그의 문을 똑, 똑 두드렸다. 나가 보니, 중년 여인이 서 있다. 토마토 한 팩과 선짓국 한 그릇을 들고서. 정죽 님과 이 여인과의 만남은 설명이 필요하다.

3, 4년 전. 그가 길가 의자에 앉아 있으니까, 한 여인이 자전거를 타고 가다가 멈춘다. 대뜸 하는 말.

"아주머니, 내 얘기 좀 들어줄 수 있어요?" "왜?"

"내가 지금 모든 걸 마감하고 싶다고요."

"그럼 우리 집으로 갑시다."

여인은 인천 살다가 생활고로 피아노 학원 하는 언니 따라 서울로 왔다. 남편은 인천에 남고 두 아이만 데리고. 그러나 가난한 사글세 살림도 연명하기가 어렵다.

정죽 님은 궁금해서 여인이 돕고 있다는 언니의 피아노 학원에 가 보니, 학생이라고 서너 명.

그때, 연세가 80인 정죽 님은 그 학원에 등록하고 몇 달을 피아노 학원에 다닌다. 눈이 어두워서 악보가 잘 안 보여 몇 달 배우다 말았지만, 몇 달 등록비라도 내서, 여인을 돕고 싶은 그의 마음이었다.

그 뒤로도 여인과의 만남은 이어졌다. 상담도 계속되고. 이제는 여인의 남편도 서울로 와서 신앙생활하면서 부부는 안정을 얻어 가고 있다. 정죽 님은 그때, 모든 걸 마감하고 죽고 싶다는 지나가는 여인을 자기 집으로 데리고 갔다. 여인의 어머니처럼.

중요한 건 여인이 그에게 모든 걸 털어놓고 싶다는 마음을 갖게 한 것이다. 아무에게나 죽고 싶다는 얘기를 털어놓겠는가. 길가에 내가 무심히 앉아 있어도, 자전거 타고 지나가면서도 나를 알아보는 게 인간이다. 무심히 앉아 있어도 예수님 믿는 사람은 다르다. 달라 보여야 한다. 그에게 가서, 내 악하고 나쁜 것 다 털어놓고 싶어져야 한다.

오래 건강하게, 나만 잘 살려고 하는 편협하고 이기적인 요즘 노인네들(나를 포함해서). 지금은 정죽 님 같은 영혼의 어머니가 필요한, 고아 같은 인생들이 너무나 많은 시대다. 그러나 없다. 어머니가 없다. 이 시대는 어머니가 없다.

그렇다고 누구나 영혼의 어머니가 되는 것도 아니다. 긍휼의 심정, 예수님의 마음을 가져야 사람을 살리는 생명의 어머니가 된다.

울산에서 만난 여인 · 1

울산에 도착한 날 저녁. 지영 님의 친구 전○경(53세) 님을 만났다. 지영 님이 울산에서 사귄 두 친구 중 한 분이다.

그가 경영하는 고급 레스토랑에서 나를 맞는 지영 님의 친구는 폭이 넓고 주름이 3단으로 많이 잡혀진 귀엽고도 우아한 검은 실크 원피스를 입고 있는데, 한마디로 범상한 우아함이 아니다. 어느 외국 영화에 나오는 품격 있는 귀부인의 자태이거나 명문가의 젊은 부인 같다.

그는 손님인 우리에게 격식과 예의를 갖춘 정중한 저녁을 대접한다. 식기, 다기 하나하나가 예술적이다. 그날 저녁 음식도 자기가 개발한 노년들에게 좋은 건강식들. 저녁 식탁에 올라온 음식, 그릇, 차(茶), 분위기까지 다 그녀의 고상한 취향과 품격을 말해 주고 있다.

세 사람이 저녁 식사 후. VIP실이라는 별실(別室)로 옮긴다. 심신을 안정시키는 아늑한 별실이다. 편안한 분위기에서 밤 열한 시 반 가까이 대화하는데, 이상한 일이 일어난다. 그녀는 시간이 지나고 대화가 깊어짐에 따라 여러 얼굴로 변해 보인다. '내가 이상한가' 할 정도로. 가늠할 수 없는 그녀의 다양한 얼굴. 그 얼굴에 나타나는 변화를 다 못 느끼고 못 받아들이는 건 아닌가, 나는 초조해지기도 하고.

처음 만났을 때, 나를 손님으로 맞이하는 그녀의 정숙한 몸가짐은 신사임당 같다고나 할까. 조금 뒤, 저녁 식탁을 준비하면서 가벼운 종종걸음으로 오가는 그녀의 자태는 소설 《제인 에어》에 나오는 여주인공처럼 고아하다. 식사 후, 장소가 별실로 옮겨지고 대화가 깊어지자, 고아하던 그녀 얼굴에 모나리자의 신비 같은 게 어른거린다.

그녀는 내가 알 수 없는 난해한 여인이다.

밤 열 시가 넘어가자, 그녀는 점점 고민하고 갈등하는 심각한 얼굴이 되어 간다. 안 믿는 친정 식구들과의 영적 싸움에서 승리하기까지. 사업 현장에서 겪는 온갖 비리와 통념, 가족과 지금도 계속되고 있는 그녀의 영적 싸움. 그는 점점 "오호라 나는 곤고한 사람이로다"의 사도 바울을 생각나게 하는 얼굴이 된다. 그러다가 고통하는 욥의 얼굴이 되기도 하고. 이렇게 많은 얼굴을 가진 여인은 처음 본다.

나는 내가 사람을 좀 본다고 알았는데, 그 여인을 보자, 사람에 대한 내 무지, 무식을 절감한다. 주님 창조의 신묘막측함 앞에 나는 조그만 미물이 되어 숨을 죽인다.

그는 주로 얘기하고 지영 님과 나는 듣는다.

그의 얘기는 밤내 계속될 것 같다.

나는 남의 얘기 들어주는 사람이고, 그 일이 즐겁기에 탈진이 되어 가면서도 듣고 있다. 열한 시가 넘어 반이 되어 가자, 지영 님이 "오늘은 이만하고 일어나지요. 내일 또 만나니까" 지혜롭게 마무리하면서 한마디 한다.

"전○경 님은 울산의 욥이네요."

욥은 남자지만 그는 여자의 몸으로 이 거대한 고통과 갈등 속에서 몸부림치고 있다. 전인성(全人性)을 극도로 지니고 영, 혼, 육이 고통하고 갈등하는 그녀에게 내가 무슨 조언을 할 수 있을까? 성경 욥기에 나오는 이 말씀을 드린다.

"그러나 내가 가는 길을 그가 아시나니 그가 나를 단련하신 후에는 내가 순금같이 되어 나오리라"(욥기 23:10).

"내가 주께 대하여 귀로 듣기만 하였사오나 이제는 눈으로 주를 뵈옵나이다"(욥기 42:5).

나는 어느 의미에서 그녀를 부러워도 하면서 내 이야기를 마친다.

울산에서 만난 여인 · 2

지영 님 집에 묵고 있는데, 그의 친구 임○희(47세) 님이 오셨다. 그를 가만히 살펴보면서, 이런 생각이 든다. '싱싱 톡톡' 소녀도 아니고 처녀도 아니고 그 중간쯤의 귀여운 작은 아가씨.

바구니 들고 봄나물 캐러 가서 쑥도 미나리아재비도 자운영도 안 캐고 들꽃만 한 바구니 가득 채워 오는… 아무도 못 말리는, 탄탄한 집안의 작은아가씨 같은.

점심 후, 차를 마시면서 '사모님(지영 님) 얘기' 들을 때, 그는 온몸을 뒤흔들면서 자지러지게 웃는다. 그 아기같이 웃는 모습을 무아지경으로 보고 있는 나.

그런가 하면 '조용한 질서잡이' '배려의 요술쟁이'.

그 싱싱하면서도 의젓한 모습. 마음. 오래오래 보존하시기를.

그날, 지영 님이랑 작은아가씨랑 점심 먹으러 가면서, 나는 그녀에게 '예뻐요' 소리를 한 열 번도 더 한다. 수없이 불러도 새로움은, 그 예쁨이 무한하다는 것인가.

2부

맨발로 뛰어가는 어머니

기습한 함박눈

오후 두 시 쯤, 눈비 섞인 진눈깨비가 내리고 있다.

두 시 반, 함박눈이 쏟아진다. 방송에서도 '기습한 함박눈' 이라고 표현한다. 나는 TV에서 〈리멤버 타이탄〉이라는 미식축구 영화를 보고 있다. '우승보다 중요한 것은 성찰이다'라는 자막이 크게 들어온다. 창밖으로 쏟아지는 눈을 보면서 영화를 보는데 남편이 들어온다.

"눈이 오는데 커피도 한 잔 마시면서 보아야지."

'적시타'라는 말이 있듯이 적시에 갖다 주는 커피다.

좁쌀 같은 눈이 조용하게 내린다. 성스럽다. 순례자의 길이다. 갑자기 흰 양귀비꽃 같은 눈송이가 너울너울. 더 커져서 목화송이로 둥둥 떠다닌다. 어느새 싸락눈으로, 다시 좁쌀 알갱이로 고요하게… 변화무쌍하다가 그만 녹아버리는 눈. 한바탕 인생을 보는 것 같다. 땅에 있는 것들은 기습한 눈처럼 다 순간적인 아름다움이다.

세상에서 가장 아름답고 고상한 것은 '예수님을 아는 지식'이라고 한다. (2014년)

4천 원 벌기 힘들다

내 책 열 권이 묶인 다발을 들고 서울역에서 포항행 KTX (포항행 무궁화호는 없음)를 타러 집을 나섰다.

무거운 배낭 메고 한 손에는 책 열 권 묶음을 드니, 힘이 든다. 이수역에서 긴 환승로를 걸어서, 4호선 지하철에 오른다. 매번 용산역으로 가다가 이번에는 서울역으로 가니, 길도 낯설고 멀다. 지하철 서울역에서 포항행 열차 타는 서울역까지는 복잡하고 길다. 내 느낌의 시간으로 한 10분은 걸어서 목적지에 도착한다.

내 책 열 권을 우체국 택배로 보내면 요금이 4천 원이다. 그걸 아끼려고 손으로 들고 가니 이리 무겁고 불편하구나.

'4천 원 벌기 힘들구나.' 소리가 저절로 나온다.

그러나 돈 4천 원이 문제 아니다. 사람이 불편하게 살면서 육체를 사용하는 것은 편안하게 사는 것보다 좋은 일이다. 포항역에 내려서 미자 님 품에 책 열 권을 안겨 줄 때의 기쁨이란, 들고 온 수고에 비할 바가 아니다.

별것을 다 걱정하는 사람

아침 산책하러 나가는데 아파트 현관에서 계단을 내려오는 소녀와 만난다. 소녀는 내게 인사한다. 나는 그 인사를 받으면서 인삿말도 한다.

"인사해 줘서 고마워요." "예에."

그 소녀를 스쳐만 보고, 나는 걸음을 빨리해서 공원 쪽으로 가면서 무안해진다.

'인사를 받기만 하지, 왜 고맙다는 말까지 하지.'

이 소녀에 대한 고마움이 있다. 초등학교 2, 3학년 때 이사 와서 지금(중 1)까지 나를 보면 계속 인사 잘한다. 그러나 '고마워' 하는 말 속엔 내 타고난 못남과 소심과 유약함이 들어 있어서 무안해진 것. … 그러다가 문득 근심 한 가닥이 스쳐 지나간다. 요새 부쩍 커 버린 소녀를 살짝 보았을 때, 그 몸매가 너무 통통해진 건 아닌가 하고. 이게 그 소녀의 아름다움을 감하면 어떡하지. 그럼 안 되지.

'내가 별걱정을 다 하는구나.'

아끼는 사람 위해서는 별걱정 다 하는 게 사람이다.

불가능한 것을 되게 하는 것

조급한 맘으로, 나는 내 책을 내는 출판사 이 팀장님에게 문자 보낸다.

"팀장님. 40집 원고, 아들이 보냈는데 이메일함이 가득 차서 못 받는다고 하네요."

"지금 원고가 많아서 그래요. 선생님, 제 이메일로 보내 실래요."

"제가 중국 가기 전에 초교(初校)를 봤으면 하는데요."

무리한 부탁인데, 얼마 뒤 답이 온다.

"선생님. 오늘 사장님께서 퇴근하시면서 교정지 가져다 드릴 수 있다고 하세요. 예쁘게 마무리해서 사장님 편에 전해 드릴게요."

이렇게 고마울 수가! 이 마음 이대로 떠서 보낸다.

"팀장님 손을 꽉 잡고 울먹이면서 고맙다고 하고 싶어요."

"아니에요 선생님. 당연히 저희가 해야 할 일을 하는 건데요. 선생님 수필집 작업은 읽어 가면서 하니까 지루하지 않고 즐거워요. 저, 바빠도 매번 선생님 수필집 먼저 하는

편이랍니다.”

‘불가능한 걸 되게 하는 건 격려.’

팀장님은 늘 내게 큰 격려를 주신다.

언젠가 내가 출판사에 들렀을 때, 팀장님은 둥글레차를 주신다. 향이 좋다고 하니, 순천 친정 엄마가 보내 주신 거라면서, 어디에서 둥글레를 한 움큼이나 꺼내 주신다.

어느 날인가. 출판사에 오후에 들렀을 때, 내가 허기져 보였는지 “김밥 드실래요” 하면서, 점심으로 들고 남은 김밥 몇 개를 주시는데, 꿀맛이었다.

“팀장님은 김밥도 맛있게 싸시는구나.”

나는 팀장님의 사소한 것 같으나 마음으로는 깊이 오는 친절함에 감동했다.

작은 친절함, 격려가 불가능한 걸 되게 한다니!

인생이란 참으로 불가사의하다.

이리(수컷) 잡는 방법

동화인지 우화인지 이런 얘기가 있다.

옛날에 아주 꾀 많은 이리 한 마리가 있었다. 가끔 사람을 해쳐서, 마을 사람들이 그 이리를 잡으려고 별궁리를 다 해도 못 잡았다.

그런데 어느 날 덫에 암컷 이리가 들어갔다. 그러자 수컷 이리도 따라 들어갔다. 그렇게 해서 그 이리는 잡히고 말았다. 수컷 이리도 암컷 이리 앞에서는 죽음도 보이지 않는다.

우리 집 세면실이 둘인데 하나는 남편이 쓴다.

그는 내 세면실은 사용하지 않는다. 하루는 내가 남편 세면실에 청소하러 가서 화장지를 보니, 내 것보다 거칠고 빳빳하다. 내 것은 참 보드라운데. 남편이 내 세면실엔 좋은 화장지를 걸어 두었다. 그런데 나는 좋지도 않고, 안됐다는 생각만 들었다. 노부부는 이렇게 살아간다.

남편은 아내가 철 들이고, 그 아내는 자식이 철 들인다는 말이 있다. 그러나 누구도 사람을 철 들일 수는 없다.

주님만, 사람을 철 들인다. 우리를 만드신 분이니까.

영, 혼, 육이 뒤흔들리는 웃음소리

아침에 동생에게서 전화가 온다.

"오늘 시간 어떤가? 오늘은 날씨도 좋고, 영적인 친구나 만났으면 하네."

"뭐, 나를 영적인 친구라고! 화아아! 화아아! 화아아!"

"글 쓰고 바쁘면 다음에 만나고."

"내 영적인 친구는 글 쓰는 일보다 먼저다. 영적인 친구는 제백사하고 만나야지. 화아아! 화아아! 화아아!"

내가 들어도 내 웃음소리가 너무나 커서 나도 놀란다.

거실이 울린다. 옆에 있던 남편도 놀라고. 아마 내가 웃어 본 웃음소리 중 가장 크고 웅장한 게 아닐까. 영, 혼, 육이 뒤흔들리는 통쾌한 웃음소리다.

세상일로 이렇게 내가 웃을 수는 없다.

혈육의 동생이 영적인 친구가 되니, 내 영, 혼, 육이 온통 뒤흔들리면서 웃는다.

기뻐서. 좋아서. 감사해서.

나, 글 잘 썼을까, 못 썼을까

새벽까지 글 많이 쓰고, 기분 좋은 아침.

나는 안방에서 나오는 남편에게 묻는다.

"나, 글 잘 썼께 못 썼께?"

"나, 일일이 대답해 줄 시간 없다고."

"내가 귀찮구나. 귀찮은 아내라도 살아서 옆에 있는 게 낫다는데…."

남편은 신문 보고, TV 스포츠 프로 볼 시간은 있어도 아내 푸념 들어줄 시간은 없다고 한다.

나는 교제하는 소설가, 문인 한 사람도 없다.

나 혼자 글 쓰는 이 고단한 작업을 견뎌 내야 한다. 남편이라도 들어주면 좋으련만… 내게 대답할 시간이 없는 게 아니라 마음이 없다. 그럼 나도 남편에게 말 안 하면 되지, 기어이 말해서 유치한 소통이라도 하려 할까.

옆에 있는 사람과 유치한 소통이라도 안 하면 숨이 막힌다. 숨 쉬고 살려고 나는 남편에게 푸념이라도 한다.

이제 남편도 지쳤나. 괜찮다.

남편은 곧 회복해서 나와 유치한 소통을 할 것이다.
언제 추석날 아침.
"나 대파 샀께 못 샀께" 할 때처럼.
나를 닮아서 유치해진 그가 다시 말을 할 것이다.

남해산 마늘

"…남해산(南海産) 마늘이 하도 알이 좋아서 몇 알 보내 드렸는데요. 선생님 용서하시고 받아 주세요. 마늘은 성경책에도 나오는 저장 식품이라서 괜찮을 거 같아요. …오늘도 하나님께서 함께하시는 날 되세요. …부끄럽고 감사합니다."

통통하게 크고 잘생긴 알 마늘. 남해 사시는 그의 부모님이 농사지은 것인가… 선물 안 받는다고 썼지만, 깐 마늘이라 되돌릴 수도 없고. 더구나 '용서하시고 받으세요' 하시는데.

'…부끄럽고 감사합니다.' 그의 말처럼, 그가 만나는 어떤 인생에 대해서도 부끄러워하고 감사하는 현숙 님(67세).

눈이 많이 오는 날, 갑자기 그의 집에 갔어도 나를 편안하게만 해 주시고… 그날 저녁 눈 속에 나를 지하철역까지 태워다 주신 아드님이 '저녁 약속만 없으면 서울 댁까지 모셔다 드릴 텐데…' 했다는 말씀 듣고, 적잖이 놀랐다.

거기 남양주에서 서울이 어디라고! 그 눈 속에… 그런 마음 가지신 현숙 님 큰아드님. 요즘 보기 드문 청년이다.

명품 가방 자랑하는 여인

어느 시골 교회에 갔다.

교회 재정이 어려워서 사모가 직장에 나가신다. 반듯하게 목회하고 생활하시는 목사님과 사모님. 교인 숫자에 관계없이 소신 있게 목회하신다. 나는 그들을 좋아하고 주님도 그들을 좋아하시리라.

그 교회 주일 예배에 강사로 간 나. 멀고 먼 곳이기에 하루 먼저 간 토요일 밤이다.

저녁을 먹고, 사모와 이야기 나눈다.

안정된 직장에 다니는 두 아들 얘기하다가, 사모는 안방으로 들어가서 흰 천 주머니에 넣은 검은색 명품 가방을 들고 나온다.

"강사님 이거 보세요. 이번에 내가 명품 가방 하나 샀어요. 내가 아들에게 하나 사 달라고 했어요. 정가는 5백만 원인데 세일해서 150만 원 줬어요. 그런데 여기서 들고 나갈 데가 어디 있어요. 아들 상견례 때나 들고 나갈까…."

사모는 다시 명품 가방을 흰 천 주머니에 넣는다. 무슨 귀중품을 꺼내서 보고 다시 넣듯이. 이런 사모의 모습이 어린아이 같다. 어린아이가 예쁜 구슬이나 장난감을 모아 두고 가끔 그걸 꺼내서 보고 흐뭇해하는 모습. 순진무구하다.

목사님은 못마땅한 얼굴로 저쪽에 앉아 계시지만 나는 이 사모가 참으로 사랑스럽다. 시골 교회 사모는 명품 백 들면 안 되는가. 자랑하려고가 아니고, 자기 즐거움이다. 그것도 좋은 직장에 다니는 아들이 사 준 것인데. 사 달라고 하는 어머니도 어떻게 보면 어여쁘지 않은가.

나는 명품 가방 이야기를 듣고 나서도 그 사모를 좋아함에 변함이 없다. 명품에 대한 자기 호감을, 솔직하게 얘기해 준 사모가 고맙기까지 하다.

나는 여인의 풍부한 여성성도 사랑하려고 한다. 그건 주님이 창조하신 여성의 아름다움을 존중하는 일이 아닐까.

현주 동생과 작가 언니

현주(경남 울주) 님에게서 문자로 소식이 왔다.

"작가 언니 항상 바쁘시죠? 책 읽고 나니 생각이 나네요. 그냥 책 선물 받으니 마음이 편하지 않네요, 건강 잘 챙기면서 글 쓰세요."

"고마워요. 나도 생각이 나네요. 지금 40집 원고 마무리합니다. 책 나오면, 책 가지고 한번 가 볼까 합니다. 평안히 계세요."

"그럼 그때를 기다리면서 작가 언니 항상 건강하세요."

'작가 언니'라는 말에, 아직도 몇 달이나 있어야 하는, 다시 만날 그때를 기다린다는 말에, 가슴이 아려서 나도 경상도 식으로 답한다. "현주 동생도 건강하게 잘 있소." "네."

현주 님은 자기 집에서 나를 먹여 주고 재워 주고 했으면서도 내가 드린 책 몇 권을 그냥 받았다고 마음 불편해 하다니… 참으로 순진하시다. 이렇게 경남 울주에는 나를 '작가 언니'라고 부르는 순진한 동생 현주 님이 살고. 이웃에는 동네 노인들 섬기는 '훌륭한 이영순 님'이 살고 있다.

혼자 있을 때가 좋아

어느 분 얘기다. 어머니 추도 예배에 장(長)조카가 혼자 왔다. 얼굴이 야위어 보인다. 큰 고모가 장조카가 안스러워서 말을 건넨다.

"자네가 힘든가 보네. 얼굴이 많이 야위었구만. 질부는 왜 안 오는가?"

"아내는 아기(생후 3, 4개월) 보느라고 못 와요."

추도 예배가 끝난 후. 오랜만에 가족, 친척들과 즐겁게 점심 들고 담소하던 조카는 곧 아내에게 불려 간다. 조카가 아내에게 불려 가면서 하는 말이 많은 걸 생각하게 한다.

"혼자 있을 때가 가장 좋고. 그 다음이 아내와 있을 때. 그 다음이 아기랑 있을 때."

혼자 귀하게 크면 결혼해서 아내가 시키는 집안일이나 아기 돌보기가 귀찮아지는가. 편하게만 자라서 '혼자 있을 때가 가장 좋다'고 하나. 가정이나 사회나 '더불어 함께' 사는 게 세상 이치인데, 장조카는 혼자 있는 걸 가장 선호한다. 세상은 극단의 이기주의로 달려가고 있는가.

목이 늘어진 양말

하늘이 푸르고 못 견디게 사람이 그리워서 수유리 정죽 님 집에 갔다.

정죽 님이 얼마 전 고향 방문해서 광주에 사는 동생 같은 사람, 박갑임 님 만나고 온 이야기, 갑임 님 남편이 내 책을 더 기다린다는 고무적인 이야기도 듣고.

점심 먹고 노는데 내 양말을 보시고 한 말씀 하신다.

"목이 다 늘어졌네."

이런 말 처음 듣는다. 양말목이란 말도 처음 듣고, 양말목이 늘어진다는 말도 처음 듣는다. 이도 저도 모르고 사는 나. 양말목이 늘어졌거나 말거나 구멍이 나면 기워 신는다. 그는 새 양말을 네 켤레나 주신다.

어느 날, 아들이 집에 와서 가볍고 좋은 그릇이라면서 밥공기, 보시기, 접시 등 식기 한 벌을 가지고 왔다. 검약하게 사는 친구(79세) 생각이 나서 새 그릇 좀 드리겠다고 하니, 이렇게 말한다.

"곧 죽을 건데 새 그릇은 왜 쓴대요."

"곧 죽을 거니까 새 그릇도 좀 써 보시라고요."

양말이 목 늘어진지도 모르고 기워 신는 나, 곧 죽을 건데 뭐 하러 새 그릇 써서 버리느냐고 하는 친구나 똑같이 가난을 유산으로 받은 세대. 이제 이 세대는 사라져 간다.

그런데 가난한 삶, 풍요를 누리는 삶, 어느 게 좋을까?

풍요는 사람을 자라나게도 하고 성숙하게도 한다. 그러나 가난은 사람을 만든다. 역경을 이겨 내는 강인한 사람을 만든다.

기숙해, 윤진숙 님의 독일어 합창

몸이 약한 종희 동생(72세)이 직장에 취직해서 첫 월급을 받았다. 나누기 좋아하는 그는 복지관 친구들 불러 점심 내면서 나도 불렀다. 여섯 사람이 좋은 음식점에서 냉면 먹고 일어나서 동생 집으로 가는 길. 한참을 걸어가야 하는 길인데, 동행한 기숙해(83), 윤진숙(81) 님이 노래를 부른다. 그들은 복지관 시니어 합창반에서 만난 친구들.

걸어가면서 그들은 옛날 학교 때 배운 가곡을 부른다.

인물 좋고 성품 좋은 노녀들이 〈들장미〉, 방긋 웃는 〈월계꽃〉을 독일어로 합창한다. 나 혼자 듣기 아깝다.

'이제 저 목소리, 지식, 교양, 예의범절 다 버리고 가야 하는구나. 저들을 위한 골목 음악회라도 한 번 열어 드릴까.' 나는 이런 생각을 하면서 간다.

골목 낮은 담장 너머로 꽃들이 피어 있는 화사한 꽃길을 돌고 돌아서 종희 동생 집으로 가는 길. 이 길이 안 끝나고 오래 계속되었으면, 이 아름다운 가곡이나 끝없이 듣고 갔으면… 여기, 이곳이 바로 내겐 꽃길 음악회가 아닌가.

노년이라도 낭랑하고 고운 소프라노로 부르는 그들의 합창이 단아한 주택가 꽃길에 퍼져 나간다. 고된 인생길에 즐거움과 희망을 주면서.

이 꽃길 음악회는 종희 동생이 약한 몸으로 직장에 나가서 일한 월급으로 친구들에게 점심 대접해서 이루어졌다.

종희 동생이 내게 만들어 준 그날의 선물이다.

잊지 못할 꽃길 음악회.

더 잊지 못할 기숙해, 윤진숙 님의 독일어 합창.

성북구에서 온 독자

어느 날, 서울 성북구에서 산다는 독자에게서 전화가 왔다. 얼마 전, 그가 몸이 아팠을 때, 찾아오신 오산 친구에게서 기일혜 수필집을 전해 받았다고 한다. 그 뒤, 출판사에 연락해서 내 전화번호를 알아내서 전화한다고.

작가는 독자가 언제나 반갑다. 그의 집이 서울 성북구라고 해서, 나는 지금 당장이라도 만나러 갈 수 있다고 한다.

"저는 지금 시간 있어요. 우리 집에서 지하철로 가면 멀지 않아요."

그는 오늘은 좀 그렇고 모레면 어떠냐고 한다. 나는 약간 실망하면서 모레 오시라고 한다. 오실 때는 그냥 오시라고 간곡한 부탁도 하고. "우리 집에 오실 때, 그냥 오셔요. 나는 누가 뭐 가지고 내 집에 오는 것, 아주 싫어해요."

그날 그는 내 부탁을 명심하고, 독후감 나누고 싶은 이야기만 가지고 왔다. 내가 무엇을 기뻐하는지 아는 독자.

그와 나의 대화는 몇 시간 동안이나 계속되다가, 오산 경희 님 만나러 가자는 설렘으로 얘기가 끝이 난다.

피자 상자 들고 오는 어머니

아침 산책에서 돌아오다가 아파트 현관에서 어느 부인(60대)을 만난다.

부인은 두 손으로 크고 흰 상자를 받쳐 들고 있는데, 무슨 보물단지 들고 있는 것처럼 흐뭇하고 만족한 표정이다. 궁금증 많은 내가 묻는다.

"뭘 그렇게 들고 오셔요."

"아들이 요 아래 사는데 먹고 남은 피자(치킨?) 엄마가 처리하라고 주네요."

"그래요. 즐거우시겠어요. 아드님이 가까이 살아서. 그런데 잘 못 뵈던 분 같네요."

"네에 작년에 이사 왔어요."

"그러세요. 환영합니다."

그는 21층이 집이라고 해서 내가 먼저 내린다. 집으로 들어온 내가 남편에게 이 부인 이야기를 약간 부러운 듯이 한다. 다 듣고 있던 남편이 한심하다는 듯이 한마디 한다.

"할 일이 그렇게도 없어서 남이 들고 있는 게 뭐냐고 물어봐.”

나는 내가 정말 할 일이 그리도 없어서 부인에게 물어봤는가 하고 생각해 본다. 가끔 남편에게서 듣는 말이지만 그날 아침엔 진지하게 생각한다. 나는 정말 할 일이 없고 심심해서 지나가는 사람에게 말이나 건네는가.

아니다. 할 일이 없어서가 아니다.

‘그게 내 할 일이다.’

나는 사람을 보면 호기심이 생기면서 말을 건네고 싶어진다.

사람과의 관계에서만 내 즐거움이 있으니까.

어떤 환자 남편의 응시

어느 종합 병원 소화기내과 진료실 앞,

나는 남편과 같이 의자에 앉아 있다. 맞은편에도 의자가 있고 한 남자가 앉아 있다. 내 옆에 앉아 있는 50대의 여자가 맞은편 남자에게 말한다. 못마땅한 목소리로.

"여보 왜 슬리퍼를 신고 왔어?"

"…편하니까."

남편은 무표정으로 메마르게 대답한다.

아내는 지방에서 올라왔는지 옆에 큰 짐이 두 개나 된다.

그 아내가 내 옆에서 화장하기 시작한다. 화장한 얼굴인데 또 화장한다. 새것으로 보이는 콤팩트에서 분을 찍어서 바르고, 루주 바르고, 앞 머리칼을 잡아 내려서 이마를 덮고. 이 과정을 계속 응시하고 있는 남편, 사물을 보듯 무심하고 무감각하다. 남편 얼굴은 검고 누렇다. 얼른 봐도 중병이 든 인상이다.

부부라도 사는 방법이 다르다. 그러므로 인간은 상대의 다른 점을 외롭게 응시하면서 홀로 죽어 간다. 죽음의 길에 동행할 사람은 아무도 없다. 주님밖에는.

남편이 이 이야기를 듣고, 나를 나무란다.

"왜 남의 일에 관심 갖느냐고 피곤하게. 사람마다 다 사는 방법이 다른데."

나는 사람에게 관심이 저절로 가는 사람이다.

남편과 나도 그 부부처럼 사는 방법이 다르다. 그래서 홀로 죽을 수밖에 없는. 내 안에 예수님이 안 계신다면, 이 세상 어떻게 살아 나갈 것인가. 죽음은 어떻게 맞이하고.

맨발로 뛰어가는 어머니

우리 고향 어떤 부잣집 어머니는 걸인이 오면 밥상을 차려서 대접했다. 어느 친척은 어렸을 때, 걸인이 오면 어머니가 아껴 둔 쌀을 한 바가지나 퍼다 주었고.

그날 장 선생이 들려준 그의 어머니는 걸인 위하는 방법이 특별하시다. 어머니가 오랫동안 거두던 걸인이 어느 날부터 오지 않았다. 걱정하고 있는데, 한 달쯤 뒤, 그 걸인이 나타났다. 어머니는 신발도 신지 않고 뛰어나가서 그 걸인을 맞았다. 얼마나 반가웠으면 그렇게 맨발로 뛰어나갔을까. 밥상을 차려 주는 것도, 쌀을 퍼 주는 것도 귀한 선행이다. 그러나 맨발로 뛰어나가는 일은 걸인의 어머니나 하실 일이다.

걸인에게도 어머니 같았던 장 선생 어머니. 창세기 3장 말씀을 몸으로 살아 내신 분이다.

"아담이 그의 아내의 이름을 하와라 불렀으니 그는 모든 산 자(사람)의 어머니가 됨이더라"(창세기 3:20).

하와의 후예인 우리 여인들은 걸인의 어머니도 된다.

밤에 쪽파 사 들고 오는 남편

장 선생과 저녁 먹고 얘기 나누는데, 길어진다.

그는 어머니 얘기를 마치자, 남편 얘기도 해 준다.

"한번은 남편이 밤에 들어오면서 쪽파를 몇 단 사 들고 왔어요. 무슨 파를 그리 많이 가지고 오느냐고 하니, 어느 할머니가 파 몇 단을 못 팔고 앉아 있어서, 그 할머니 집에 가시라고 다 사 가지고 왔다고 해요. 그래서 내가 말했어요. 파 못 팔아 집에 못 가는 할머니만 생각했지, 그 파 다 듬어서 김치 담가야 할 아내 생각은 왜 안 했느냐고요."

"그래도 훌륭한 남편이네요. 그런 남편이 곁에 계시니, 좋으시겠어요."

파를 못 팔고 밤에 길가에 앉아 있는 가난한 할머니를 불쌍히 여기는 남편이 아내한테 못하겠는가. 그 인격, 그 사랑이 어디 가겠는가. 그런 남편 바라보는 것만으로도 아내는 큰 행복이다.

장 선생은 그래서 사람에게 여유를 가지고 대하는가.

젖을 충분히 잘 먹은 아기의 표정으로 넉넉하게.

작가의 행복

내 표지 인쇄하는 인쇄소에 표지 인쇄 교정쇄를 보러 갔다. 인쇄기에서 새 표지가 나온다. 곱다. 그만하면 될 것 같은데, 기장님이 손전등같이 생긴 기계로 자세히 보시더니, 한 번 더 하신다. 동행한 사장님, 실장님이 두 번째 나온 것이 더 좋다고 해서 그걸로 결정한다.

내가 보기에 이번 39집 표지는 아담해서 맘에 든다.

표지 샘플을 집으로 가지고 와서, 남편에게 보이고.

밤에 자리에 누워서도 잠이 안 와서 두 번이나 일어난다.

일어나서 불을 켜고 또 표지를 본다. 표지 앞과 뒤의 발문(跋文)도 읽어 보면서 행복해 한다. 행복하니까 잠이 안 온다. 잠 못 들면서 행복감을 누린다.

이런 때가 글 쓰는 사람으로서 가장 행복할 때다. 책에 나온 글을 누가 읽고 공감하면서 잘 썼다고 해도 이 행복에는 미치지 못한다.

이런 행복감.

내 영혼을 내가 어루만지고 있다.

커피집 아가씨의 두 얼굴

장 선생과 충무로에서 일을 마치고 저녁 먹고 커피집을 찾았다. 지나가는 청년에게 근처의 깨끗한 커피집을 물으니, 대답이 재미있고 구체적이다.

"저 건너편 호텔 있지요. 이 문 말고 저쪽으로 난 문으로 들어가면 커피 팔아요. 커피가 싸고 맛도 좋아요. 장소도 넓고."

청년이 가리켜 준 대로 들어가 보니 양식 파는 호텔 식당이다. 커피도 파느냐고 물으니, 앳된 아가씨가 커피집은 아니지만 주문하면 받는다고 친절하게 안내한다. 때 묻지 않고, 막 피는 꽃처럼 순결하게 보인다. 장 선생도 감탄하면서 '참 사랑스럽네요' 하고.

커피를 마시면서 보니, 다른 아가씨가 서빙하느라 쟁반을 들고 오가고 있다. 그는 볼이 퉁퉁하고 인상이 부숭부숭하게 보이는 아가씨다. 장 선생에게 묻는다.

"저 아가씨가, 아까 우리한테 친절한 그 아가씨 아니지요? 다른 아가씨지요?"

"그 아가씨 같은데요."

"그런데 얼굴이 왜 저렇게 달라요…. 아까 본 얼굴이 아닌데요."

"저녁때라 피곤해서 그런가 봐요."

"우리(손님)를 대할 때와 무심히 일할 때의 얼굴이 천양지판이네요. 사람은 늘 사랑스럽고 친절할 수가 없지요. 육신은 쉽게 피곤하고 지치니까요. 저 아가씨가 두 얼굴 가진다는 건 당연하겠지요. 그걸 우리는 이해해야 하고."

내가 바보니까 그렇지

추석날 삼송리 친구 집으로 놀러 간 나.

거기서 그날 밤까지 지내고 이튿날 집으로 온 나는 남편에게 이런 말을 한다.

"삼송리 친구가 그러대요. 우리나라 남편들은 아직도 옛날 관습을 중요시하는데 명절날 아내를 외출시키고, 집에 혼자 있으면서 자고 오라고까지 하고. 선생님 남편은 보통 분 아니라고 그러대요."

"바보니까 그렇지…."

"바보는 무슨, 초월자라 그렇지요. 명절 관습 그런 것 다 초월한 남편이라 그렇지요."

남편은 계속 신문만 보고 있다….

바보를 왜 나쁘다고 비하할까.

내 아버지 별명이 바보 '농판'.

내가 가장 좋아하는 아이작 싱어의 단편 소설이 〈바보 김펠〉.

옛날 어느 초등학교 훌륭한 선생님이 담임한 학급의 급

훈이 '바보가 되자'.

바보는 일종의 초월자가 아닌가.

자의식이나 자기주장이 거의 없는, 좋게 말하면 내가 죽고 거듭난 자가 아닌가.

나도 푼수 바보라는 말을 가끔 듣는다.

나하고 살다가 나처럼 바보가 되어 가는 남편이 주님께는 자랑스럽다. 정말 나는 바보인가. 남편도 바보이고.

꽃집 식구가 된 작은 민들레

내 심령이 고갈된 채, 꽃밭에 들른다.

꽃밭 앞, 나무로 된 '데크(deck)'에 서서 한참 바깥에 있는 꽃들을 바라본다. 데크와 보도블록 사이에 작은 민들레가 입을 앙다물고 있다. 나는 그 민들레도 보고, 한참 서 있다가 꽃밭(꽃집)으로 들어간다.

내가 피곤하다고 하니, 박 선생이 레몬차를 주신다.

색깔이 곱다. 차를 마시면서 박 선생이 해 주시는 민들레 얘기를 듣는다.

"처음엔 꽃집 앞이라 지저분해서, 그 민들레 잎을 뜯어 버리고 쥐어뜯기도 하고 빗자루로 팍팍 쓸어 버렸지요. 이파리가 찢어지기도 하고, 뿌리를 뽑아 버리기도 했어요….

그래도 나고 또 나고. 어느 날 보니까 노란 꽃이 피었어요. 온갖 구박 다 당하고도 꽃이 대여섯 송이나 피어서 얼마나 예쁜지…. 이 안에 있는 비싸고 좋은 많은 꽃들 다 합쳐도 그 꽃 하나만 못하다니까요.

플라타너스 잎이 민들레 위로 떨어지면 답답할까 봐, 치워 줘요. 이제 민들레는 우리 식구예요. …그 혹독한 겨울, 어떻게 견디는지 모르겠어요."

민들레가 꽃집에 있는 어떤 꽃보다 예쁜 것은 여주인과의 삶이 있었기 때문이다. 그리고, 지금도 땅에 뿌리박고 숨 쉬는 살아 있는 생물(生物)이기에.

찢기고 뿌리째 뽑히는 온갖 고초를 참고 죽어서, 민들레는 여주인의 품에서 식구가 되었다. 부활했다.

자랑하려고 전화했어요

지방에 사는 어느 젊은 친구에게서 전화가 온다.

"선생님. 자랑하려고 전화했어요."

"자랑 얼마든지 하셔요. 사람이 때로는 이런저런 자랑도 하고 싶을 때가 있어요."

"아들이 경차를 몰고 다니는데 이번에 차를 큰 걸로 바꾸면서 엄마 쓰라고 하네요. 결혼하면 가족이 생기니까 차가 커야 한다고, 제 헌 차는 처분하고. 그 새 차 몰고 직장에 다니니 얼마나 좋은지 몰라요. 이걸 어디다 자랑할까 하다가, 선생님 생각이 났어요. 선생님 오시면 옆에 타시고…."

여인들은 푸념 같은 쓸데없는 얘기를 많이 하면서 산다.

여자에게는 푸념을 들어 줄 친구가 필요하다. 온갖 되는 얘기 안 되는 얘기, 부끄러운 얘기 못난 얘기도 스스럼없이 할 수 있는 친구. 어쩌면 그 사람의 진심은 그 푸념 속에 들어 있는지도 모른다. 취중진담이라는 말이 있듯이.

상대를 의식하지 않고 아무런 말이나 막 늘어놓는 푸념. 그러나 아무에게나 푸념하지 않는다. 사람을 골라서 한다.

나는 못나서 그런지 남의 푸념도 잘 듣는 편이다. 남들이 내게는 자기들 푸념도 잘 늘어놓고… 그 푸념을 들으러 나는 어디라도 가서 사람을 만나려고 한다.

들어 주는 것만으로도 그에게 위로가 되니까.

나도 위로가 되고.

내가 자랑 좀 해도 되는 사람

(오빠는 아버지 같으니까, 오빠한테는 내 자랑 좀 해도 된다고 생각하면서.)

어느 날 오후. 동생 집에서 만난 오빠에게 내가 자랑삼아 한 말이다. 부끄러워도 안 하면서.

"오빠, 내가 가끔 얘기하는 '그 친구' 있지요. 그 … 내가 많이 배운다는 그 박 선생이라는 친구. 그 친구가 그러는데, 자기가 지금까지 목사님 신부님 말씀 다 들어봤는데, 나처럼 하나님 말씀 쉽게 말해 준 사람은 없대요…. 밤송이 있지요. 그 알밤송이, 그걸 가시 벗기고, 가죽, 비늘 다 벗기고 알만 쏘옥 넣어 주는 것 같대요…. 그리고 벼 있지요, 나락. 그 까끄러운 껍질을 벗겨 버리고 쌀(밥)로 주는 것 같고…."

"…삶으로 말해 주니까 그렇지."

오빠는 대수롭잖게 여긴다. 뭐 그런 것 가지고 호들갑을 떠느냐는 표정이다.

그래, 그건 친구 개인 소감이다. 개인 소감을 확대 해석해선 안 된다. 그걸 자랑삼아 말한 내가 어리석다.

윤진숙 님의 하루

사람의 하루에도 그동안 살아온 삶이 다 녹아 있다.

지금도 새벽 네 시 반에 일어나, 준비해서 첫 지하철에 오르는 윤진숙(81세) 님.

겨울이나 여름이나 추우나 더우나, 10여 년째 계속되는 일이다. 하루라도 빠지면 지하철로 일찍 출근하는 여인들이 그가 안 보인다고 걱정할 정도다. 그는 7호선 보라매역에 내려서 공원으로 간다. 수십 명의 회원들이 모여서 에어로빅 하고, 끝나면 아침 같이 들고 차 마시면서 교제하고.

그는 여든이 넘었지만 자세도 바르고 몸놀림이 에어로빅 강사처럼 유연하시다.

그날, 종희 동생 집으로 들어간 윤진숙 님은 어린 시절 얘기도 들려주신다. 고향이 경기도 양주 산골. 그때는 새벽마다 초등학교 학생들이 동네 뒷동산에 모여서 아침 운동했는데, 그는 항상 리더였다. 새벽 일찍 나가서 애들을 불러 모으고 가르치고. 남학생도 있었지만 그가 늘 앞장서서 가르치고 끌어가고, 통솔력이 뛰어나시다. 지금도 그가 졸

업한 서울 명문고녀 동창회 중직을 맡고 있다.

10여 년 전, 70이 다 되어서야 새벽 운동 시작한 건 그동안 시어머님 모시느라고. 그의 시어머님은, 새집 짓고 새로 놓은 욕조가 맘에 안 들자, 그걸 자기 손으로 다 파내 버리는 억척 노인. 그런 시어머님 밑에서 고된 시집살이하느라고, 70이 다 되어서야 새벽 운동 시작했다.

그는 습관적으로 그날 신문을 다 읽고, 한 주일에 두 번은 복지관에 나가서 아르바이트 하고. 청년처럼 사는 노년의 하루다. 그때, 새벽이면 일어나서 아이들 깨워서 운동 가르치던 습관, 시어머니 모시면서 받은 혹독한 훈련이 지금도 새벽에 일어나서 에어로빅을 시작으로 하루를 충만하게 사는 원동력이다. 신앙생활도 경건하게 하면서.

아직도 분홍색을 띤 건강하고 고운 얼굴로.

그 노녀(老女)를 위한 격려금 5천 원

장 선생과 충무로에 갔다가 오후 여섯 시쯤 어느 식당으로 들어갔다. 두어 번 간 곳이다. 전에 본 것 같은 60대 여인이 와서 주문 받는다. 오늘은 무슨 음식을 권하겠느냐는 내 물음에 그가 대답한다.

"오늘은 자연산 송이버섯이 좋아요."

"송이는 비싸기만 하고 맛은 별거 아닐 것 같은데요."

내 말에 그는 아니라고 하면서 느긋하게 웃는다. 찬찬히 보니 그의 얼굴은 주름이 많은데 표정이 살아 있고 노년의 여유가 있다. 나이 드셨어도 주문 잘 받는다고 하니, 대답이 이렇다.

"그러니까 이 나이 먹어도 여기서 이렇게 하고 있잖아요."

홀 구석에 서 있는 다른 몇몇 젊은 30, 40대 여인들보다 이 60대 노년이 훨씬 더 생생하다.

주문한 송이덮밥을 먹고 있는데, 그 60대 여인이 와서 맛이 어떠냐고 묻는다. 맛이 좋다고 하니, 조금 후에 또 웃으면서 온다.

"맛이 있다고 하니까 또 와 보고 싶네."

젊고 싱싱한 노년이다. 장 선생이 그를 '사장님 아니어요?' 할 정도로, 그는 음식 나르는 종업원이지만 그 자리에서도 당당하게 사장님 역할을 하고 있다. 내가 사장님이다 생각하고 드나드는 손님을 친절하게 즐겁게 대하면서 일하면 그가 곧 그 식당 사장님이다.

'맛이 있다고 하니까 또 와 보고 싶네.'

어린애처럼 웃으면서 우리 옆으로 와서 보고 가는 그는 식사가 끝나자, 뜨끈한 생강차도 얼른 갖다 주고, 손님에게서 눈을 떼지 않고 있다. 풍부한 경험과 느긋한 여유와 미소로 손님을 편안하게 한다. 그와 이야기하고 싶을 정도로 매력적이다. 식사 후, 일어나면서 나는 그의 손에 5천 원을 쥐어 드린다. 옆자리의 장 선생이 이걸 보고 내게 말한다.

"선생님 멋져요."

그때, 나는 난생처음 주는 팁이다. 아니 그건 팁이 아니다. 사람들이 서빙 잘했다고 주는 팁과는 다르다. 나는 그 젊은(?) 노녀를 격려하기 위해 드리는 격려금이다. 비록 적은 것이지만.

3부

토종 할미꽃

자발적 가난

마더 테레사 수녀에 대한 글을 읽었다.

그가 스페인에서 '사랑의 선교회'라는 첫째 집을 열었을 때. 누군가 냉장고를 기증했다. 그는 '자발적(自發的) 가난'에 어긋나니 냉장고를 다시 가져가라고 부탁했다.

그리고 '사랑의 선교회' 소속 자매를 어느 가정에 맡기면서도 이렇게 말했다.

"내 자매를 맡기니, 늘 보살펴 주고 도와주시기 바랍니다."

"걱정 마세요, 수녀님. 아무것도 부족함이 없도록 하겠습니다."

마더 테레사는 곧 '도움'의 뜻을 분명하게 밝혔다

"제발 부탁하건대 가난한 삶을 살 수 있도록 도와주십시오."

진정한 도움이란 부족함이 없도록 해 주는 게 아니라 가난한 삶을 살 수 있도록 도와주는 것이라고. 인간을 아는 놀라운 말씀이다. '자발적 가난'에 대해서도 깊이 생각을 하게 된다. 내가 가난을 만드는 것도 일종의 자발적 가난인가.

선하 할아버지의 눈물

포항 명선 님 얘기 하나가 마음에 남아 있다.

명선 님 손자 둘이 어린이집에 다닌다. 하루는 형 선하가 아파서 못 갔다. 그날 어린이집에서는 간식으로 붕어빵 한 개씩을 나눠 주었다. 동생 선률은 아픈 형에게 주려고 그걸 안 먹고 있다가 집으로 달렸다.

달려온 동생이 형에게 다 식어 버린 붕어빵을 내밀자, 아픈 형은 거절한다. 그러자, 동생은 얼른 붕어빵을 먹어 버린다. 형이 안 먹기를 기다렸다는 듯이… 얼마나 먹고 싶은 걸 참고 달려왔으면 형이 먹기 싫다고 하자마자 입에 넣어 버릴까. 이 모습을 본 아이들 할아버지가 눈물을 글썽인다. 집에서 놀 때는 서로 싸우고 다투지만, 누가 하나 아프면, 먹고 싶은 것 참고 달려오는 어린 손자의 마음이 할아버지를 눈물 나게 한 것이다.

우리 주님도 그리 하실 것이다. 우리가 미워하고 싸우다가도, 주님 생각하고 내 좋은 것, 가난하고 아프고 연약한 형제 이웃과 나누면, 주님은 기뻐서 눈물 흘리실 것이다.

왜 부끄러워요

사당동 어느 꽃집 여주인이 거저 주신 아잘리아 꽃을 나는 좋아한다. 세 그루 중 두 그루가 잘 자라고 있는데, 한 그루 더 심어서 풍성한 꽃밭을 만들고 싶어서 다른 꽃집으로 그 꽃 사러 다녀도 없다. 그 뒤, 어느 꽃집에서 아잘리아 한 그루를 3천 원 주고 샀다. 그런데 며칠 만에 죽는다. 이상해서 박 선생에게 묻는다.

"아잘리아를 하나 사 왔는데 며칠 지나니까 죽어 버려요. 원인을 모르겠어요."

"그 애가 성질이 급해요. 아마 바뀐 환경에 적응 못했을 수도 있고…. 그런데 왜 다른 데 가서 샀어요. 나한테 말하면 내가 사다 줄 건데."

"부끄러워서요."

"왜 부끄러워요?"

"…박 선생과 상거래(商去來) 한다는 것이 부끄러워서요."

친구와는 상거래 안 한다. 형제와 상거래 안 하듯이.

내 경우, 그렇다는 것이다.

점잖은 남편과 철없는 아내

색에 민감한 편인 나. 하루는 남편이 자주색이 약간 감도는 커피색 양복 겉저고리를 사 왔다. 남편이 입어 본다. 나는 흥분할 정도로 감탄하면서 남편에게 말한다.

"당신 정말 멋져요. 내가 본 당신 옷 중에서 제일 좋아요. 아아 옷에 따라 사람이 이렇게 달라지는구나. 정말 멋져 당신!"

남편은 별로 반응이 없더니 한마디 한다.

"너무 야해. 점잖지가 못해." 남편은 다시 가서 거무스레한 색으로 바꿔 왔다. 그 옷은 쳐다보기도 싫을 정도.

"그 옷 왜 바꿨어요? 그렇게 멋있었는데, 아내 말도 참고해야지요."

"누가 그런 색깔 양복 입고 가는 걸 뒤에서 보니까 안 되겠더라고."

남편은 점잖음이 기준이다. 그의 취향을 존중해 줘야지, 하면서도 나는 아쉬운 마음이다. 나는 자주색 은은하게 감도는 커피색 그 옷이 그립기까지 하다. 지금도.

커피색 반팔 티

어느 날 아침 동네 공원에서 산책하고 돌아오는 길이다.

우리 집이 있는 층에서 승강기가 멈추고 문이 열리는데, 낯선 남자가 서 있다. 놀라면서, 내게 인사 건네는 남자를 다시 보니, 옆집 아저씨다.

나는 왜 옆집 아저씨를 낯선 외인인 줄 알고 놀랄 정도로 몰라보았을까?

그가 입고 있는 짙은 커피색 반팔 티 때문이다.

그는 60대 초반의 중후한 아저씨인데, 그날 아침 그의 커피색 반팔 티는 그를 완전히 다른 사람으로 만든다. 젊은 학자나 교수님 같은 분위기다(그는 사업가. 학자, 교수만 못하단 말 아님).

색깔과 디자인이 사람을 완전히 바꿔 놓는다. 옆집 아저씨를 다른 사람으로 보게 하는 건 내 환상 때문이라 해도 어쩔 수 없다. 이 환상도 내가 타고난 것이니까.

환상은 내 창의성, 상상력의 근원이다. 옆집 아저씨를 완전히 다르게 보게도 하는.

이름 없는 꽃이 좋아라

내가 강사로 다니면서 숙소가 목사님 사택이면 극구 사양한다. 이름 없는 평신도 집으로 해 달라고 조른다.

가난하고 약한 자의 집이면 더 좋고. 그런 곳에는 사람 사는 온기가 있고 삶의 흔적이 있다. 주님은 가난하고 병들고 고통받는 약자를 위해서 오셨다. 복음 이야기꾼인 나도 작고 허술한 숙소로 가고자 한다.

언젠가 박 선생이 하시는 말씀이다.

"나는 이름 없는 꽃이 좋아요. 사람 손이 안 가고, 자연 그대로 나서 살다가 그냥 그대로 지는 들꽃들이 좋아요."

"나도 이름 없는 사람들이 좋아요. 유명하면 거의 다 교만과 자랑이 있어요."

사람이 가진 명예, 권위, 실적은 다 주님이 주신 것인데, 오른손이 하는 걸 왼손이 모르게 하라고 하시는데, 오른손이 하는 걸 왼손이 알고 사람은 자랑한다.

"자랑 끝에 불붙는다(싸움)"는 속담도 있다.

부자 하나가 나오려면 두 마을 사람이 망해야 한다

어렸을 때, 고향에서 기(奇)씨는 양반이라는 말을 많이 듣고 자랐다. 동생은 이럴 때마다 이 말을 하곤 했다.

"양반들, 못된 짓거리만 하고. 난 양반이 싫어. 우리가 이렇게 고생하며 사는 것도 다 조상들이 죄를 많이 지어서 그래."

의식이 있는 동생을 대견해하고 동의하면서도, 나는 늘 맘이 다른 데에 있기에 얘기는 그 정도에서 끝나고 만다. 동생의 논리에 내가 당해 낼 수도 없고.

얼마 전에 어느 분 말씀을 듣고 섬뜩했다.

"부자 하나가 나오려면 두 동네 사람들이 죽어야(망해야) 한다."

세상의 땅은 한정돼 있고 사람들은 그걸 많이 차지하려고 싸우다가, 강한 자는 천석꾼, 만석꾼도 되고. 부자는 가진 것을 나누어야 하는데, 더 쌓아 놓으려고만 하고.

예수님 믿는 사람은 싸울 필요가 없다. 세상 것, 다 내 아버지 것, 내 것이니까.

노사 분쟁 없는 회사

아침 산책하러 승강기로 내려가는데, 아래층에서 아는 사장님이 들어오신다.

부스스한 얼굴에 서류 뭉치를 잔뜩 들고서. 한눈에 봐도 '공부하는 사장님'이다.

동네 사람들 말에 의하면 꽤 잘되는 괜찮은 회사 사장님이라는데 검소하고 겸손하시다. 그 부인 말에 의하면 하루 책을 한 권씩 본다는 사장님. 윤기가 흐르는 여느 사장님과는 근본적으로 다르다. 그런 분이 이웃에 산다는 게 자랑스럽다.

어느 날, 그 사장님 부인이 지하 주차장에서 나오는 남편 차를 기다린다면서 길바닥에 앉아 있다. 옆에 있는 커다란 보따리 둘을 보면서, 내가 묻는다.

"공장에 가서 잡수실 겁니까?"

"예에."

화장도 안 한 피곤한 얼굴, 힘없는 목소리로 대답한다.

새벽부터 공장 식구들 먹일 음식 장만하느라고 지쳐서

길바닥에 앉아 있는 사장님 부인. 직원을 이렇게 가족같이 여기는데, 그 회사에 노사 분쟁 일어나겠는가.

사장님이 종업원보다 월급 조금 덜 받고 더 작은 집에 살면서 그들을 보살피고 섬기면, 노사 분쟁 안 일어난다.

'사장님이 직원들보다 월급 조금 덜 받고 더 작은 집에서 산다.'

이게 꿈같은 이야기인가. 꿈은 이루어진다고 하면서.

이웃을 내 몸과 같이 사랑하면 자연스럽게 되는 일 아닐까.

주님은 큰 자가 작은 자를 섬기라고 하셨다. 큰 자인 사장님이 작은 자인 직원을 보살피고 그들보다 조금 더 못 사는 것, 인격을 가진 사람으로서 당연한 일 아닌가.

욕심을 내려놓으면 된다.

손수건 모으는 여인

우리 아파트 앞 아담한 커피집.

나는 청옥 님과 마주 앉아 담소하고 있다. 청옥 님은 한때, 손수건 모으는 취미가 있었으나, 지금은 그걸 나누고 있다고 한다.

그러면서 내게 주려고 가지고 온 큰 봉투에서 손수건 다섯 장이 든 작은 상자를 꺼낸다. 그중 하나는 은방울꽃이 은은하고, 한 장은 녹청색이 묘하게 화려한 수국이다.

은방울꽃이 동양의 은자 같다면 수국은 청색 버버리의 시원한 서양 여인 같다.

내가 이 손수건을 보면서 감탄을 연발하자, 청옥 님은 손수건 상자 외에 연회색 캐시미어 숄, 최신 방향제 상자가 들어 있는 큰 봉투를 가리키면서 말한다.

"작가님에게 드리려고, 처음엔 이것들 중에서 하나만 고르려고 했는데, 이런 생각이 났어요. 하나님은 우리에게 풍성하게 주시는데 너는 하나만 고르려고 하느냐, 그래서 이것저것 다 봉투에 집어넣고 나니, 마음이 편안해졌어요."

이건 주님이 생각하고 주신 선물이구나.

“집에 있는 것들이니 부담 갖지 마세요.”

그 손수건 중 특히 은방울꽃과 수국이 그려진 걸 보자, 그걸 가장 귀하게 아름답게 사용할 사람이 생각나서 청옥 님에게 말한다.

“청옥 님. 이 손수건이 너무 아름다워서, 드리고 싶은 분이 생각나네요.”

나는 꽃집 박 선생을 그에게 소개하면서, 근처에 있는 꽃집으로 지금 곧 가시지 않겠느냐고 묻는다.

“로드플라워에 안 가실래요? 가서 그분을 한번 보고 가셔요.”

“잠깐 꽃향기만 맡다 가겠어요.”

그와 나는 로드플라워로 간다. 꽃집에 도착한 나는 박 선생에게 내가 감탄한 손수건 두 장만 드린다. 그러다가 아니지. 나도 풍성하게 받았으니, 나도 풍성하게 드려야지. 나는 캐시미어 숄, 다른 손수건, 방향제도 드린다.

박 선생은 아는 분이 많으므로 꼭 필요한 분에게 주님이 주신 선물을 잘 나눠 드릴 것이다.

꽃향기만 맡다 가겠습니다

꽃집에 도착한 청옥 님(74세)과 나는 박 선생과 인사 나눈다. "꽃향기만 맡다 가겠습니다" 하고 꽃집에 온 청옥 님은 사당 시장에 가서 토란도 사고, 일이 있다고 곧 일어선다.

그를 지하철역까지 배웅하는데, 비가 내린다.

청옥 님은 비가 오면 비를 맞으면서 걷는다고 한다.

비가 오면 남편에게 "여보 나 비 맞고 올게" 하고 나간다.

내가 의아해서 묻는다.

"젊었을 때요? 신혼 때요?"

"아니요. 얼마 전에… 그러면, 남편이 감기 들면 안 된다고 해요. 그런데 비가 눈에 들어가서 오래 못 걷겠더라고요. 다음엔 이마에 수건 두르고 하면 좋을 것 같아요."

나는 지하철역 개찰구 앞에서 그를 보내고 돌아오면서 그가 남긴 말들을 생각한다.

'꽃향기만 맡다 가겠습니다.' '여보 나 비 맞고 올게.'

내가 요즘 안 들어 본 색다른 말이다.

색다른 말 들으면 나도 곧 새로워진다.

한 시간이 5분 같을 때

오후 두 시 반에 꽃밭에 들른 나.

시간 가는 줄 모르고 앉아 있다.

꽃밭에는 여러 손님들이 드나든다. 나는 그때마다 일어나서 가벼운 인사하고 서 있다가 나가면 가벼운 목례하고 앉는다. 박 선생은 그런 내가 우습다고, 손님이 더 부담스러워할 수도 있다고 조언한다. 예의가 몸에 밴 나, 자동인형같이 손님이 오면 일어난다. 그러나, 상대에게 부담 주는 예의라면 고쳐야 한다.

박 선생은 이런 얘기도 한다.

"내가 하나님께 대화할 수 있는 친구를 주시라고 기도 많이 했는데, 선생님(기일혜)을 보내 주셨어요. …선생님, 우리 약속해요. 일곱 시 반에 딱 일어서기로. 여덟 시에 우쿨렐레 선생님이 오셔요. 딸이 심심할 때 하라고 우쿨렐레 사 줬어요."

내가 그때 시계를 보니 일곱 시.

잠시 뒤. 일곱 시 반 좀 못 돼서, 내가 곧 일어날 준비를 한다. 내가 일어나려는 기색을 하니, 박 선생이 절박하게 묻는다.

"얼마 남았어요?"

"5분!"

나는 그의 절박한 물음에, 막 웃으면서 내 속맘도 털어낸다.

"무슨 우쿨렐레는 배운다고 가기 싫은 나를 가라고 하고…!"

그와 나는 박장대소한다. 5분밖에 안 남았느냐고 절박하게 묻는 그의 맘과, 무슨 우쿨렐레는 배운다고, 더 있고 싶은 나를 가라고 하느냐는 내 맘이 같았기 때문이다.

'서로 더 이야기하고 싶어서.'

서로의 맘을 확인한 우리는 얼마나 크게 웃었는지 꽃밭의 꽃들이 놀랐을 것이다. 우리는 웃다가, 웃다가 일어섰다.

이상하다. 끝내고 일어서려고 하면 그때부터 진지한 얘기가 나오려고 한다.

이야기는 절박할 때, 더 진지해지는가.

친지에게 보내는 마지막 같은 말

추석 며칠 전. 친지에게 안부 전화하니 병원에 있다.

폐암 치료 중인 남편이 상태가 좋지 않아 응급실로 가서, 폐 수술 받고 입원실에 있다고. 찾아가겠다고 하니, 사절한다.

병원에 못 가 본 내가 죄스러워서 이런 마음을 휴대폰 문자에 담아 보낸다.

"잘 알겠습니다. 용서하십시오…."

"용서라니요 무슨. 위기 때마다 통로 되시고 몸에 좋은 것 등등 다 쏟아 주시고. 저에게는 천사였고 주님의 손길이었습니다. 제가 용서를 구해야지요. 저는 기도밖에 해 드리는 것이 없어서…."

내가 그에게 뭘 했단 말인가. 미미할 뿐이다.

내가 지금 병원에 안 있고, 여기 내 집에 건강하게 있다는 것이 죄스러워서 용서하시라는 말씀이다.

그리고 한 사람을 위해서 기도보다 더 귀한 게 있을까. 이리 귀한 사랑을 그에게서 받고 살면서 가만히 있을 수가 없어, 그래도 문병을 가 봐야지 하고 또 문자 보낸다.

"어느 병원이어요?"

"기도해 주시잖아요. 오시지는 마셔요."

"네에 알겠습니다. 사랑하는 ○○님…."

'사랑하는 ○○님….' 그에게 내가 처음으로 표현하는 말이다. 그 속에는 그에게 마지막으로 나를 다 주는 것 같은, 말로는 다 할 수 없는 그를 향한 내 애가 녹는 슬픔이, 사랑이 들어 있다.

신비 중의 신비

전남 화순에서 택배로 온 기정떡.

기정떡 얘기가 많이 나온다.

더위에도 쉽게 변하지 않는 떡이라고 여름에 많이 주고 받는다. '선물 받지 않습니다'라는 글을 써도 선물을 보내시는 분이 있다. 떡은 돌려보낼 수도 없고… 그렇다고 내가 그걸 다 먹겠는가. 나누는 것도 고역이다. 나는 나누기를 잘 못한다. 그래서 나 편하려고 다 드려 버린다.

오늘은 내가 힘이 없고 36도의 폭염, 어디 먼 데까지 차를 타고 갈 수도 없고. 걸어서 가까운 곳에 이 떡 줄 사람이 없나? … '받은 즉시' 떡은 나누어야 한다.

한 박스가 무거워서 머리에 이고 박 선생 집으로 간다. 이고 가는 게, 들고 가는 것보다 편하다. 기정떡 이고 오는 나를 보더니, 박 선생이 자지러지게 웃는다. 꽃집이 도로변이라 오가는 사람들 봐도, 이고 가는 사람 한 사람도 못 봤다고 하면서, 무슨 귀물(貴物) 보듯 하신다.

"아이, 선생님이 이고 오는 모습이 참 신비롭다."

이고 온 내 모양을 초라하게 보지 않고 신비하게 보는 그가 더 신비롭다.

박 선생에게 떡을 드리면서 나는 생각한다.

사람이 가까운 거리에서 산다는 건 이렇게도 좋은 것이로구나. 드릴 것 있으면 금방 들고 가서 드리고, 얼마나 좋아. 사랑하는 이와 가까이 있고 싶어서 결혼도 한다고 하듯이.

그런데 예수님은 조금의 거리도 없이, 1밀리미터의 거리도 없이 내 속, 내 안에 계신다. 예수님의 내주(內住)는 신비 중의 신비다. 이 내 안에 예수님이 계시다니…!

이 신비를 증거해 주시는 예수님의 말씀이 요한복음에 있다.

"나는 포도나무요 너희는 가지라 그가 내 안에, 내가 그 안에 거하면 사람이 열매를 많이 맺나니 나를 떠나서는 너희가 아무것도 할 수 없음이라 사람이 내 안에 거하지 아니하면 가지처럼 밖에 버려져 마르나니 사람들이 그것을 모아다가 불에 던져 사르느니라 너희가 내 안에 거하고 내 말이 너희 안에 거하면 무엇이든지 원하는 대로 구하라 그리하면 이루리라"(요한복음 15:5~7).

'시간마다'는 아니고 '날마다'

글 제목만 봐서는 '무슨 말일까?' 할 것이다.

아까, 유(재선) 선생님(72세)에게서 전화가 왔다.

"주옥같은 글 잘 읽었습니다…."

그러자, 내가 길게 너스레를 떤다. 그는 내가 너스레 떨어도 되는 분이다.

"제가 요새 책을 많이 내지요… 제가 나이도 있고 해서 기도가 필요합니다. 저는 하나님이 쓰게 하셔야 쓰거든요."

"기도하지요. 시간마다는 아니지만 날마다는 합니다."

이 얼마나 내게 소중한 말씀인가.

이번에 남편이 책을 보내면서 유 선생님에겐 두 번이나 보냈다. 25년 간 책을 많이 보냈어도, 이런 일은 처음이다.

그 부부에게 내 책이 많이 필요하니까, 실수라도 해서 많이 보내게 하신다.

우리의 실수도 쓰시는 하나님이다.

장영자 님의 즐거운 이틀

울주군에서 만난 장영자 님(70세)은 차현주 님의 친구다.

읍내에서 한참 떨어진 산골에서 산다. 40분은 걸어야, 친구 현주 님 집에도 온다. 시집와서 내내 그 산중에서 농사지으며 살았다.

그를 처음 만난 저녁. 내 글을 보았는지 그는 내게 말한다. "보는 족족 글이 되네요."

내 글을 보았느냐고 하니, 내가 현주 님에게 보낸 책을 좀 보았다고 한다.

이튿날. 영자 님 댁에 한번 가 보고 싶어서, 영순 님 차로 그가 사는 산골로 간다. 모두 다섯 사람이다. 영자 님은 우리에게 더운점심까지 대접하면서 하시는 말씀 하나하나가 흔히 들을 수 없는 귀한 말씀이다.

"내 70 평생에 이런 천사들은 처음 봐. 볼수록 좋아요."

"어제, 오늘 한 20년 젊어졌네요"

"내가 70년 만에 이렇게 기쁜 날은 처음이라."

"내가 깊기는 하재, 말은 안 하지만…."

"1년에 몇 번이고 오소. 밥 걱정은 말고"(기일혜에게).

"우리 어머니 밑으로 8남매, 그 밑으로 박사가 열두 명이요. 아버지가 일본 가서 꽃 재배해서 돈 벌어 와, 논 스물다섯 마지기 샀소. 우리 동네 영천은 논이 모래땅이라, 항상 물이 철철 넘쳐야 하니께, 동네 사람들이 물싸움합니다. 여자들이 싸움을 많이 해요. 우리 아버지 싸움 한번 안 했어요. 그래도 우리 집 농사는 항상 잘되었어요."

둘러앉은 모든 사람이 이 산골 어머니, 장영자 님의 인생 무게를 따라갈 수가 없다.

전화로 쓰는 편지

어느 날 저녁. 최 목사님(여, 69세)이 전화기에다 대고 내게 보내는 편지라고 하면서 말한다.

"…항상 그리워도 그립단 말을 못하고 마음으로만 사모하는 벗이 있다는 게, 하나님께 감사드립니다.

멋 부릴지도 모르고 꾸밀지도 모르고(말, 외모, 내면) 그러는 그가 너무나 진실하게 보여서 나는 항상 그 벗이 그립습니다. 그런데 내 인생을 바꾸는 한 가지 사건이 있습니다.

그분을 만난 후로 그분이 글을 쓰신다기에 저는 그때부터 일기를 10년이 넘게 쓰고 있습니다. 저는 그 벗이 책을 내느라고 고민하는 그 모습과 마음이, 조심하는 태도가 너무 부럽습니다. 이것은 내 마음 그대로 쓰는 겁니다… 내가 누구를 사귀거나 사랑하면 멀찍이서 봐요. 내가 자기 좋아하는 것 알아차릴까 봐, 멀리서 인사만 하고 후딱 와 버려요…."

그분의 전화 편지가 특별한 데가 있어서 여기에 옮겼지만, 다시는 그분 못 볼 것 같다(너무나 부끄러워서).

내 이름이 나올수록 좋아

소설과 달리 수필은 글에 나오는 인물의 이름을 놓고 작가는 생각하게 된다. 실명으로 할 것인가 익명으로 할 것인가. 실명 공개를 꺼리는 분이 있기에 본인에게 묻는다.

대부분 작가 좋을 대로 하라고 한다.

작가는 익명으로 할 때가 글쓰기는 편하나 글의 실감은 줄어든다. 그러나 작가는 본인의 의사를 존중한다.

현주 님 집에서 만난 장영자 님(70세)에게도 내가 묻는다.

"어머니, 내 책에 어머니 이름이 나오는 게 좋아요 안 나오는 게 좋아요."

"내 이름이 나올수록 좋지요."

이렇게 적극적으로 투명하게 속내를 드러내 보인 사람은 처음이다. 자기가 하는 얘긴 다 진실이라는 말도 된다.

영자 님은 산골에 살아도 인생을 꿰뚫어 보는 안목이 있다. 깊은 산골에서 혼자 있는 시간에 많이 생각하기 때문일까. 말 않고 혼자 있는 사람은 말하는 사람보다 더 많이 생각한다. 신중해진다. 깊어진다.

난(蘭) 도자기 깨어지다

TV 고치러 유선 방송국에서 기사가 왔다.

TV 작동 안 된다는 연락 받고서. 그는 TV 뒤를 보더니 무슨 부품을 전파상에 가서 사 와야 한다면서, 더 자세히 보려고 TV를 이동시키자, 옆에 있던 이젤에 놓인 그림 액자가 떨어지고, 액자가 떨어지면서 그 밑에 놓인 도자기 난분(盆)도 깨어진다. 남편과 기사님은 놀라서 말이 없고, 내가 얼른 빠르게 말한다.

"이거 잘 깨졌네요. 물 주기 귀찮아서 없애려고 하던 건데 잘됐어요. 잘됐어요. 이 액자는 유리도 안 깨지고 말짱하네요. 안심하세요."

기사님은 변명 한마디 못하고 일만 하고 있다. 귀한 난 화분 깨지는 것보다 더 중요한 건 기사님 마음 다치는 일이다. 이런 우스갯말이 있다.

"다이아몬드, 난(蘭, 수백만 원짜리), 강아지(비싼 애완견), 노숙자. 이 중에서 비싼 순서대로 고르세요."

많은 사람이 다이아몬드, 난, 강아지, 노숙자, 이렇게 골랐다고 한다.

그러나 생명 있는 것이 가장 귀한 것. 올바른 순서는 노숙자, 강아지, 난, 그리고 다이아몬드다.

일을 끝내고 기사님이 일어설 때. 나는 얼른 가서 그의 허름한 운동화를 신기 좋은 방향으로 돌려놓는다. 그의 종처럼, 주인님 비위 맞추듯이 절절매는 심정으로, 내가 할 수 있는 일을 다 한다. 그가 주님이라도 되는 듯이.

그때 가장 약하고 작은 자는 그 기사님이다.

> "… 지극히 작은 자 하나에게 한 것이 곧 내게(주님) 한 것이니라 하시고"(마태복음 25:40).

옳음과 친절함 중 하나를 선택하라

나를 가까이서 몇 년 지켜본 이가 오래전에 한 말이 생각난다.

“기일혜 씨. 당신이 친한 분들을 분석해 보니 다 결백한 사람들이더군요.”

나는 거짓말이나 희롱의 말을 하면 싫어하고, 약속을 안 지키거나 한결같지 않거나, 심지어 남자를 좋아하는 여자, 사치하는 여자, 책임감이 적은 사람도 멀리하려고 했다.

말하자면 아주 맑은 물에서만 살기를 원했다. 그러나 맑은 물에는 고기도 잘 살 수 없듯이, 맑은 사람 옆에는 사람도 잘 살 수 없는 법이다.

이제는 그런 사람들도 다 품으려고 한다. 정직 안 하고 성실 안 해도, 거짓말하고 믿을 수 없어도 불쌍히 여기는 맘으로 품어 주는 넉넉한 삶. 이것이 예수님 닮아 가는 삶이 아닌가. 예수님은 창녀나 강도도 다 품으셨는데. 내가 왜 내 맘에 안 든다고 그들을 판단하겠는가.

‘옳음과 친절함 중 하나를 선택하라면 친절을 택하여라.’

여인의 향기

꽃집에 들렀을 때, 박 선생이 내게 하신 말씀이다.

"선생님 모자 쓰지 마세요. 모자 안 쓰면 더 젊어 보여요. 모자 벗고 머리를 이렇게 만질 때 '여인의 향기'가 나요."

"그래요…?"

나는 더 말을 잇지 못한다. 내가 보는 나 자신과는 동떨어진 말씀이라. 내게서 여인의 향기라니. 소녀(?)의 향기라면 또 몰라도.

나는 아직 향기 나는 여인을 만나지 못했다.

그날 박 선생의 말씀 듣고 생각하니, 여인의 향기가 나는 사람은 바로 박 선생이 아닐까 한다. 사람은 자기가 가진 것으로 상대를 느끼기도 하니까. 그가 여인의 향기를 지니고 있으니까, 내게서 여인의 향기를 느낀 건 아닐까.

그는 요즘 검은 레이스 양말에 검은 바지, 흰 블라우스만 입는다. 맘에 든 시원한 여름 블라우스가 하나뿐이어서, 매일 밤 빨아서 입는다. 요새 한 벌의 옷을 가지고 밤마다 빨아서 입는 여인이 있을까. 수녀의 제복처럼 늘 같은 옷을 입고 있는 그를 보면 나도 조용해진다.

그의 옷차림은 시성(詩性)과 영성, 지성이 있는 그의 내면을 잘 나타내고 있다. 그는 고품격 여인의 향기를 지닌 사람이다.

나는 예수님 가르침대로 살아서 예수님의 향기가 나는 사람이기를, 습관적 영성이 내 몸이나 마음에 배어서 주님 향기가 번져 나오기를 소원하지만.

저기가 내 희망봉이다

오후 한 시가 지난 시간, 근처 박 선생에게서 전화가 온다.

"선생님 점심 들었어요? …그럼, 우리 집에서 오리 불고기 점심 들게 오셔요. 지금 곧 빨리 오셔야 해요."

"예에."

대답하고 준비하는데 눈물이 핑 돈다. 내가 이 동네에서 40년 넘게 살아도 점심 먹게 오라는 전화는 처음이다. 지금 여름 더위로 지쳐서 입맛이 없던 참이라 마음이 더 당긴다.

빨리 오라는 말에 부랴부랴 나가는데, 늦여름 한낮 더위라, 5분 거리의 꽃집도 멀다.

아파트 뒷문으로 나가서 좀 걷자, 숨이 턱턱 막히는데, 멀리 '꽃'이라는 붉은색 동그란 간판이 보인다.

'저게 지금 내 희망봉이다.'

가족이나 어떤 친구가 점심 먹자고 해도 이렇게 기분 좋을까… 지금 박 선생 댁에 가면 '점심과 대화'라는 내 영육의 양식이 다 있기 때문이다.

이 초라한 당당함

동생이 어느 백화점에서 구입한 옷을 바꾸러 간다기에 따라간다. 조언해 주려고.

여인들이 백화점에 옷 사러 갈 때나 구경 갈 때는 잘 차리고 간다. 그런데 그날 나는 운동화에 여름내 교복처럼 입고 다닌 바지, 티에 배낭 메고 따라간다.

엷은 하늘색 버버리 면 원피스를 화사하게 입고 음악회에 가는 모습으로 나오는 동생을 보고 놀란다. 우아하다. 귀부인 같은 동생을 따라가다가 좀 미안했는지 내가 동생에게 말한다.

“귀부인 옆에 초라한 할매(할머니)가 따라가는구나.”

동생은 내게 질세라 억양을 높여 톡 쏘듯이 한마디 한다.

“당당하구만 뭐 그래.”

“그러니? 늬가 잘 맞췄어. 나 지금 당당하거든….”

나는 지금, 이웃에게 내 것 나누는 삶을 연습하는 실습복 입고 가거든. 너무 거창한가.

서툴고 모자람 속에 마음이 산다

추석 지나고 동생 집에 갔을 때, 동생이 준 반찬 통 둘을 집에 와서 열어 본다.

소고기 버섯 양배추 볶음과 잡채다. 소고기 버섯 양배추 볶음은 금방 해 준 것이라 맛이 살아 있다. 그 볶음 통 한 구석에 조그만 비닐로 서툴게 싼, 채소 두부로 만든 동그랑땡 몇 개가 들어 있다. '이게 뭐지' 지나칠 뻔하다가, 자세히 보고야 가슴이 저린다.

즉시 동생에게 문자 보낸다. "눈물 난다— 양배추 소고기 볶음 옆에 조그만 비닐봉지 속에 넣어 준 두부 채소전 몇 개… 많으면 눈물 안 난다."

"제대로 해서 주든지 안 주든지 해야 되는데, 뭐든 야물지 못하고 밍밍한 나네. 어쩔 수 없이 타고난 대로 살 수밖에…."

"넌 요새 내 감동의 원천이다."

뭐든 잘하고 완벽하면 사람답지 않아서 정떨어진다.

서툴고 모자란 것 속에 마음이 산다.

여수 은숙 님과의 대화 한 토막

"제가 지금 울산 일정 모두 마치고, 여수 가려면 3일을 어디서 기다려야 해서, 광주 순천 친구들 집에서 기다리다 가려고 했는데, 변수(태풍, 숙소 친구 아픔)가 생겨서 서울로 갑니다(울산역에서 광주 가는 KTX도 놓치고…). 서울 가서 다시 여수로 가고 싶지만 10월 6일까지 보낼 급한 원고도 있고요.

그래서 본의 아니게 약속 이행 못하게 되었습니다. 죄송합니다. 양해해 주십시오. 이번 약속은 울산에서 갑자기 잡혀져서, 제 준비도 허술하고. 다음 약속은 잘 이행하겠습니다. 그래도 이런 일로 은숙 님과 더욱 친숙해졌습니다."

"선생님 괜찮아요. 시간 되실 때 연락 주시면 됩니다. 여기 있는 사람들이 선생님을 모르는 사람들이니 그동안 선생님 소개도 하고 책도 읽혀 두겠습니다."

"감사합니다. 제 책(38집)도 주문하셨다면서요… 지영 님이 절대 신뢰하시더군요. 지영 님 통해서 은숙 님을 느끼며 저도 평안했습니다. 이런 글 드릴 용기도 나고."

울산에서 KTX 놓치고 나서

그날의 내 일정은 이렇다. 울산역에서 11시 23분 KTX로 오송역으로 가서 광주송정역으로 가는 열차로 환승. 다시 전철로 광주 롯데백화점 앞에서 내려, 노 선생 만나기로 되어 있다. 그날은 비가 오고 바람 불어서 지영 님 차가 속력 못 내고 가다, 울산역에 도착하니, 이미 사람들이 뛰고 있다.

나도 뛰어서 플랫폼에 도착하고 보니, 내 앞에 열차가 서 있다. 그런데 갑자기 어지럽고 구토가 나서 차에 오르지 못하고 멈춰 서 있다. 여자 승무원이 달려와서 왜 승차 않느냐고 하는데, 나는 말을 못하고 몸을 추스르고 있다. 그 몇 초 사이에 열차 문이 스르르 닫힌다. 승무원이 문 열어 달라고 기관사에게 연락하나, 열차는 안 멈추고 떠나 버린다.

주차하고 늦게 달려온 지영 님이, 어쨌든 선생님과 더 오래 있게 돼서 좋다고 웃는다. 어여쁜 지영 님.

다음 차로 가려고 광주 친구에게 전화하니, 그곳 형편이 여의치 않아, 서울로 가기로 한다. 그날 오기를 잘했다.

주님이 내 길을 막으실 때는 이유가 있다.

토종 할미꽃

정읍 순임 님 댁에 머무르면서 서울 집으로 전화한다.

전화 받는 남편 목소리에 여유가 있다.

"며칠 더 있다가 와도 되네. 여기 걱정은 말고… 왔다가 또 간다고 말고 간 김에…."

일정을 더 잡아 보려고 몇 군데 전화하니, 다 약속이 잡혀 있다. 갑자기 갈 만한 데가 없어서 귀가를 서두르는데, 내 전화 받고 곧 근처 백암교회 이 목사님이 오신다.

잠깐의 만남 후. 나가시는 길에 목사님은 마당 꽃밭에서 할미꽃을 본다. 토종 할미꽃.

"할미꽃이 있네요…."

"목사님 가지고 가셔요."

순임 님은 기다렸다는 듯이 얼른 말한다.

"다음에 가지고 가지요."

목사님은 사양하나, 순임 님은 벌써 화단가에 놓인 호미를 들고 할미꽃을 판다.

"한 포기만 주세요."

순임 님은 서너 포기를 캐려고 호미를 팍팍 커다란 화분 깊숙이 넣는다.

"곧 또 번질 것인디, 많이 가지고 가셔요."

남과 나누면, 곧 또 번질 것인데, 안 나누니까 안 번진다.

인간은 내 것이라고 아끼면서, 남 안 주고 혼자만 토종 할미꽃 키우다가, 어느 날, 그 할미꽃 병이라도 들면 다 죽어 버린다. 그렇게 토종 할미꽃의 멸종은 온다.

나누면서 도우면서 살아야 하는 자연의 섭리, 창조주의 뜻을 어기고 사는 데서, 자연의 재앙, 인간의 종말이 온다.

하나님 앞에 부끄럼 없는 믿음으로

천주교 신자인 어느 분이 50만 원을 보내 주셨다.

'기일혜 수필집' 구입해서 교도소 재소자들에게 읽게 해 달라고. 전에도 보내 주셨는데.

나는 그 고마우신 마음을 밀알선교회(교도소) 대표이신 유 선생님에게 다시 보낸다.

유 선생님은 이런 답신을 내게 보내 주신다.

"…후원해 주신 선생님께도 깊이 감사드립니다. …하나님 앞에 부끄럼이 없는 깨끗한 믿음으로 교도소 선교에 최선을 다하는 사랑의 선물로 사용하겠습니다…."

'…하나님 앞에 부끄럼이 없는 깨끗한 믿음으로….'

"마음이 청결한 자는 복이 있나니 그들이 하나님을 볼 것임이요"(마태복음 5:8).

유 선생님은 깨끗한 마음으로 하나님을 뵙듯이 교도소에 갇힌 자들을 찾아가 만나고, 그들에게 '죄에서 자유하는 참 자유인 진리(예수님)'를 가르치고 섬기면서, 그들을 세워 갈 것이다.

따뜻하고 포근한 글

지난번 울산에 갔을 때 일이다. 울산에서 일을 마친 나는 광주 거쳐 여수로 가야 한다.

버스로 가면 쉽게 되는데, 멀미 걱정으로 열차를 선호하기에 여정은 복잡해진다. 더구나 주말이라 열차표 구하기가 어렵고. 현지(지영 님 따님) 양이 수고해서 오송역에서 환승해서 광주로 가는 KTX 표를 구했다. 그러나 그 열차를 놓치는 바람에 그 표를 반환하고, 또 광주 숙소에 변수가 생겨서 광주 여수행을 모두 중단하고 서울로 오기까지, 현지 양이 맡아서 다 처리해 주었다. 그래서 고맙다고 내 책 보내면서 문자 편지 보낸다.

"현지(26세) 양. 기일혜입니다. 지난번엔 도움 많이 받았습니다. 어제 책 열 권 우체국 택배로 보냈습니다. 오늘 도착할 것입니다. 열차표 구입했다 반환하고… 수고 많으셨지요. 거듭 고마운 마음 전합니다."

"선생님 안녕하세요. 엄마(지영 님) 편으로 말씀 많이 들어서(현지 양은 직장 따라서 대전에 거주) 더 반가운 마음이 컸습니다. 힘든 건 전혀 없었습니다. 보내 주신 책은 감사한 마음으로 주변 친한 지인들과 나누어 읽겠습니다. 태풍이 온다고 하는데 항상 건강 조심하시고 다음에도 울산 놀러 오세요. 책 너무너무 감사합니다."

"현지 양이 주신 글(마음). 따뜻하시고, 배려하시고, 겸손하시고, 부드럽고 온화하심이 글에 포근하게 스며 있어서 감탄하면서 보았습니다. 현지 양을 키우신 엄마 지영 님도 생각하면서… 현지 양 글을 보면서 이 나라 청년들에게 희망이 생깁니다. 새 수필집(40집) 원고 마무리로 지친 제 마음을 어루만져 줍니다. …다음에도 울산에 놀러 오라고요? 현지 양 보러 꼭 가겠습니다. …현지 양을 아끼고 존중하는 마음으로 기일혜가 드립니다"(2019. 9. 29. 오후).

삼식(三食)이와 삼복(三福)이

무덥고 무더운 여름. 폭염 경보가 계속되는 어느 날, 아침 설거지를 마친 내가 남편에게 하는 말이다.

"아이구 힘들어. 오늘 점심은 뭘로 하지. 카레나 할까?"

"아침에 먹은 미역국에 먹든지 카레를 하든지 하소.

쉬운 걸로 하소."

한 번 먹은 국을 두 번 먹기 싫어하는 남편의 속을 아내가 한번 떠본 말이다. 카레 만들기도 귀찮아하면서. 그런데 아침에 먹었던 미역국에 먹든지 카레를 하든지, 다 맡긴다는 남편의 대답에 아내는 멈칫한다. '쉬운 걸로 하소.' 이 말에는 더 멈칫한다.

내용도 그렇지만 음성이 약하고 부드럽다. 퉁명스럽게 '내가 그걸 알아 당신이 알아서 해야지' 하면 아내는 짜증이 날 것인데, 사정하듯 하는 남편의 힘없는 말에 아내 마음은 그만 녹아지고 부드러워져서, 미안하고 아린 맘으로 '점심을 잘 차려야지' 한다.

오래오래 산 부부도 말 한마디에 맘이 상하기도 하고 살아나기도 한다.

늙어서 외출도 않고 집에만 앉아, 삼시 세끼 밥만 먹는 남편을 비하해서 삼식(三食)이라고 한다.

"아기는 하루에 예쁜 짓 세 번 하고 늙은이는 미운 짓 세 번 한다"는 옛말이 있다.

늙은 남편 의식주 챙기기가 불편하고 귀찮다고 늙은 아내들은 말한다. 불편과 귀찮음 없는 편한 삶을 원한다.

불편과 귀찮음 없는 삶은 생활의 정지이다. 생존은 끝없는 불편함, 귀찮음, 지겨움의 연속. 어떤 의미에서 늙은 남편은 늙은 아내에게 생존을 확인시켜 주는 존재, 복덩이가 아닌가.

삼시 세끼를 챙기면서 남편은 삼식이가 아닌 삼복(三福)이라고 생각하면 어떨까. 일이란 맘먹기에 따라서 가벼워지기도 하고 무겁고 힘들어지기도 하니까.

오래된 식탁보

올여름 폭염 경보가 내려진 어느 날, 오후 두 시.

36도의 혹서 속에 외출한다. 어느 친구가 식탁을 새로 들였는데 썰렁해 보인다고 해서, 집에서 쓰는 식탁보 둘을 가지고 가는 길이다. 이 폭염에도 내가 할 일이 있다는 기쁨과 보람으로 더운 줄도 모르고 설레면서 간다.

30분 달린 지하철에서 내려, 수십 개의 긴 시멘트 계단을 걸어 올라가서 또 마을버스를 타고.

친구네 집에 들어가서, 가지고 간 식탁보 둘을 꺼내서 덮어 본다. 둘 중, 딤채 덮어 놓았던 보라색 꽃무늬의 면포가 잘 어울린다. 그것은 한 30년 전, 시어머님이 보자기로 쓰라고 만들어 주신 것. 동생이 예쁘다고 해서 동생 집 식탁보로 한 10년 살다가 우리 집으로 다시 와서, 딤채보로 쓰이다가, 이번에 또 친구 집 식탁보로 쓰임 받는다.

돈 들여 산 새것보다 은근하고 고상하다. 내가 욕심 안 내니, 하찮은 식탁보 하나라도 이집 저집 다니면서 여러 집에서 유용하게 오래 쓰인다.

곧이곧대로 사는 사람

모르는 사람에게서 양파즙이 택배로 왔다.

송장(送狀)에 기록된 전화번호로 전화해 보니, 넷째 동생 친구라고 한다. 같은 교회 다니는 교우라고 하면서 동생에 대해서 하는 그의 말이 이렇다.

"동생이 얼마나 착하고 좋은데요. 나한테도 너무 잘해 줘서… 뭐 줘도 안 받고, 우리 아들이 양파즙을 만들어서 드린다고 해도… 그럼 언니한테나 좀 보내라고 해서, 보냈어요."

"고맙습니다. 그래도 이렇게 귀한 것을 받기만 하고, 어떡하지요."

동생한테 확인 전화하고 나서, 동생을 생각한다. 지난번 고향에서 만난 동생 친구가 한 말도 생각나고.

"선생님 동생은 얼마나 순수한지, 어린애 같아요."

요령과 수단을 모르고 '곧이곧대로' 사는 동생. 그를 착하다고 칭찬하니, 나를 착하다고 칭찬한 것보다 더 기쁘다. 요한3서에 있는 말씀이다. "내가 내 자녀들이 진리 안에서 행한다 함을 듣는 것보다 더 기쁜 일이 없도다"(요한3서 1:4).

경순 님의 미니 콘서트

그날, 오리 불고기 점심 먹으러 오라고 해서 꽃집에 가니, 박 선생 친구인 경순 님(63세)이 앉아 있다.

점심 먹고. 경순 님의 얘기 듣는데, 재미있다. 그는 어머니와 같이 모 방송국 노래자랑에서 대상도 받고. 경순 님의 표정, 몸에선 흥과 리듬이 흐르고 있다.

얼마 후 그가 간다고 일어난다. 운동화까지 신었는데 내가, 참고 있다가 부탁한다.

"경순 님, 노래 한 곡 들려주실 수 있어요? 지금 안 들으면 후회할 것 같아서요."

그는 망설이지 않고 방 안으로 다시 들어오더니 마이크 대신 무얼 들고서 최진희 노래 한 곡을 부른다. 이미배, 임희숙, 패티 김 노래를 좋아한다면서, 애절하게 패티 김 〈이별〉을 부르고. 지난번 미국 라스베이거스 음악 홀에 가서 미국인들이 깜짝 놀라게 춤추고 노래했다고 고조된 목소리로 빠르게 말한다.

그가 10여 곡을 열창한 미니 콘서트.

노래와 춤을 이렇게 다 잘하는 사람을 가까이서 본 건 처음이다.

아마추어 가수 경순 님 어머니(88세)는 사진으로 보니, 노년의 서양 여배우 같은 멋쟁이다. 노래 교실에도 나가시고. 모 방송국 노래자랑에서 대상 받았던 실력에 유머가 뛰어나, 노래 교실에서도 인기 최고라고 한다.

경순 님 집 건너편에는 꽃집이 있다.

멋쟁이 배우 같은 경순 님 어머니는 집에 있을 땐 맞은편 꽃집을 늘 바라보신다. 바라보시다가, 그 꽃집에 손님이 너무 없으면 '얘야 가서 꽃 좀 사오너라' 하는, 인간애가 넘치는 분이다.

주님은 자기 자녀들에게서 다양한 방법으로 영광 받기를 좋아하신다.

4부

나를 위한 응원가

어느 가족사진

울산 지영 님 댁에서 이틀 밤을 보냈다.

첫날은 밤늦게 도착해서 내 방으로 갔고, 다음 날, 아침을 들려고 거실을 서성이다가 거실 한쪽에 걸린 가족사진을 본다.

지영 님 부부와 두 따님이 함빡 웃고 있는 사진이다. 그야말로 함빡! 네 사람이 하나같이 웃고 있어서, 한참 바라본다. 네 식구가 한 기쁨, 한 행복으로 하나 되어 있다.

이런 가족사진은 못 보았다.

온 가족이 순도 100으로 웃고 있는 가족사진. 화목하고 건강한 가족의 표상(表象)이다.

"우리 집은 부모가 없어. 다 친구야."

이 댁 따님의 무심한 말에서 지영 님 가정의 행복 지수를 알 수가 있다. 예수님도 우리 친구가 되어 주시는데, 부모가 자녀 친구가 되어 주는 것, 바람직한 가정 교육이라고 생각한다.

병어 여섯 마리

우리 자매들이 만나는 날.

동생은 사당 시장에 들러 병어 여섯 마리를 사 가지고 왔다.

"병어 좀 샀어. 세 마리에 2만 원 해서 4만 원 주고 여섯 마리 샀네. 우리 셋이 두 마리씩 나눠 가지게."

"그러니, 너는 어쩜 그리 생각도 깊냐. 누가 그런 생각을 하겠냐? 병어 비싸서 잘 못 사 먹는데."

손이 큰 동생은 큰 돈을 잘 쓴다. 언니인 내가 써야 할 것인데… 내가 묻는다.

"병어 어떻게 해 먹니?"

"나는 프라이팬에 구워 먹을 거야."

병어 사 온 동생이 대답한다.

"나는 감자 넣고 조려 먹을 거야."

다른 동생의 말이다.

병어 여섯 마리가 만남을 더욱 즐겁게 우애롭게 한다.

4만 원이 어디 적은 돈인가.

박 선생님과 신학대 학생

비가 오는 날. 청아 님과 이웃에 있는 내 꽃밭으로 갔다. 청아 님은 먼저 가시고. 꽃밭에는 친구 박 선생님이 있다.

꽃밭 주인은 박 선생님이나 내 꽃밭도 된다.

박 선생님 동생 여진 님이 오시면 여진 님 꽃밭이 되고, 청아 님이 꽃향기 맡으면서 즐거워하면 청아 님 꽃밭이 된다. 땅은 밟는 자가 임자라는 말처럼 꽃밭은 거기서 즐기는 자의 것이다. 꽃밭 참주인은 만물의 주인이신 하나님 아버지이시고.

꽃밭(꽃집) 근처에는 신학대학교가 있다. 남학생들이 여자 친구에게 장미 한 송이 선물하려고 들르기도 한다. 한 남학생이 와서 장미 한 송이 꽃다발을 주문한다. 박 선생님이 다 만들어 놓고, 다탁의 초콜릿을 무심히 집어 입에 넣으면서 반을 쪼개서 학생에게 준다. 학생도 날름 받아서 먹는다. 이 모습이 얼마나 자연스러운지, 오누이 같다.

'이웃을 내 몸과 같이' 이 말씀이 몸에 밴 행동이 아닌가.

보기가 좋다.

국화꽃 필 때 만나요

오랜만에 인천 독자에게서 안부 문자가 왔다.

"작가님 책 기다려집니다. 항상 삶을 열정적으로 사신 작가님 존경합니다."

"비가 많이 옵니다… 고맙습니다."

"네 작가님. 선생님(내 남편)께서도 건강하시지요? 저는 비 오는 날 싫어하는데 그동안 가물어서 반갑네요. 작가님 국화꽃 필 때, 한번 뵙고 싶어요."

그 뒤. 몇 개월이 지나고 책이 나오자, 나는 인천 독자에게 소식 전한다.

"…책이 나왔습니다. 국화꽃도 피고. 내일 오전에 잠깐 집 앞 지하철역 쉼터에서 만나면, 책 드릴 수 있어요."

"네 바람처럼 달려가고 싶네요. 몇 시까지 가면 될까요? 열 시에, 열한 시에 갈까요?"

"열 시에 바람처럼 오셔요."

바람처럼 오시겠다는 독자의 마음에 내 마음도 시원해지면서 바람처럼 그에게 날아간다.

처음 사랑으로 그리워하는

그날 아침 열 시에 집 앞 전철역으로 나는 바람처럼 나간다. 바람처럼 오시겠다는 인천 독자(50대)를 만나러.

그녀가 연보라색 국화 꽃다발을 들고 서 있다.

지금은 국화꽃이 피는 가을이다.

그는 인천 어디 먼 데서 아침도 거르고 오신 것 같다.

근처 식당으로 가시자고 하니, 아침 금식한다고 해서, 그를(50대 초반) 점심 먹여 보내려고 전철역 대합실 의자에서 기다린다.

이런저런 얘기를 많이 나누는데, 그는 이런 말도 한다.

"제가 가장 좋아하는 글은 '인간 천수답'(《내가 졸고 있을 때》 1집에 나옴)이어요. 제가 힘들 때마다 그걸 읽고 다시 힘을 얻었어요… 선생님 여기에다 사인 좀 해 주세요."

"전에는 사인해 달라고 안 하시던데…."

나는 무슨 말로 사인할까. 그녀에게 기억이 될, 내 마음이 다 담겨진 한 구절을 한참이나 생각한다.

점심 들러 식당에 들어가서도 나는 사인할 글귀를 생각

한다. 24, 5년 전에 처음 만나 지금까지 교제해 온 그녀. 내 작가 혼을 사모해서 내 책을 읽고 많이 사다가 나누고… 그 독자의 순정을 받은 작가로서, 그에게 나도 내 순정을 담아 드린다.

이렇게 사인한다.

"처음 사랑의 마음으로 그리워하는 경희 님께."

조금의 과장도 없는 내 마음의 표현이다.

애절한 그리움이 솟구칠 때

나에게 지금 애절하고 처절한 그리움이 있나, 없나 생각해 본다. 누구나 연애 시절엔 이런 그리움이 있었지만 살고 지나면서 다 없어진다고 한다. 그런데 지금도 애끓는 그리움이 있다는 어느 목사님의 얘기가 있다. 참으로 궁금해서 들어 본다.

그분이 사모와 연애 시절, 절절한 그리움이 있을 때.

한번은 이런 일이 있었다고 한다.

"어느 날 사모(그때는 연인)와 대판 싸우고 내려가는데, 마음속에서 애절한 그리움이 막 용솟음치는 거예요. 이건 도대체 뭐야? …하나님에 대한 그리움. 그 체험이 내 생애 최고의 체험입니다."

그분의, 연인에 대한 그리움이 사라진 그 빈자리에 하나님에 대한 용솟음치는 그리움이 자리했다. 나는 지금 사람에 대한 애끓는 그리움도 없고 하나님에 대한 그리움도 애절하지 못하고 미지근하다.

미지근하면 토해 버리신다고 했는데.

한없이 부드러운 남자

'한없이 부드러운 남자'는 물론, 그냥 '부드러운 남자'도 별로 본 적이 없다. 한없이 부드러운 여자도 본 적 없고.

이번에 울산에 가서 한없이 부드러운 남자를 보았다.

지영 님이 다니는 울산교회 야음 7구역에 가서 보았다.

저녁 여덟 시. 예배실에는 자원해서 간식을 해 오신 분도 있고, 일곱 살짜리 초등학생을 데리고 오신 부모도 있다. 그 엄마는 음악 선생님, 아빠는 학원 선생님이라는데, 그 아빠는 오늘 밤 강의를 취소하고 내 이야기를 들으러 오셨다.

이분이 바로 한없이 부드러운 남자 박 선생님이다.

처음에 그를 보고 멈칫했다. 무심히 지나칠 수 없는 표정. 자세히 보니, 고운 부드러움이 정말 한없이 흘러내리고 있다.

남자 표정이 이렇게 한없이 곱게 부드러울 수 있다니!

한국 남자들 대부분은 표정이 없는데…. '예수님 표정은 어떠했을까? 예수님 믿으면 저렇게 한없이 부드러워지는가.'

표정은 성령의 열 번째 열매라는 말도 있다.

표정은 그 사람 속마음의 반영이라 그럴까.

오산 친구 경희 님

오산에 사시는 경희 님(75세) 만나려고 일찍 서둘러서 집을 나선다. 오산역 대합실에서 한 선생을 만나, 경희 님 남편 차로 그 댁으로 간다. 그가 근 20년 동안 내 책 애독자라고 해서, 그가 어떤 분인가 하고 궁금해서 가는 길이다.

계속되는 폭염 날씨에도 불구하고. 내 궁금증은 폭염도 막지 못한다.

얼마 전, 한 선생 통해서 경희 님을 알게 되었다.

그날, 내가 그의 집으로 가고. 그 뒤, 그가 우리 집에도 오시고. 그를 두 번 만나 보았다. 잠깐이 아니고 한 번에 대여섯 시간씩 대화해서, 그를 많이 알게 되었다.

그의 온 가족이 음악을 사랑해서 가족 음반도 내시고.

북한 회령이 고향이신 경희 님.

'아담한 영혼의 여인' '지정의(知情意)를 갖춘 영혼의 숙녀'.

그는 주님이 보내신 안존한 여인의 본보기 같은 친구다.

사람따라 출렁이는 나는, 거리를 두고서 그 안존한 친구를 바라보려고 한다.

52년 만의 외출

추석 안날 저녁. 가족이 모여서 외식을 한다.

간략한 추석 명절 만남이다. 외식하고 아들네 집에 가서 다과 들고 대화하고. 그리고 다음 날 추석 아침.

나는 외출한다. 52년 만의 외출이다.

전날 밤, 늦게 자고 늦게 눈을 떠 보니, 아침 여섯 시가 좀 지났다. 오늘은 추석날이다. 그런데 한 가정의 주부인 나는 삼송리 친구네 집으로 놀러 간다. 친구 남편은 멀리 출장 가시고, 출가한 따님들은 추석 다음 날 오기에 추석날은 친구 혼자다.

그래서 나는 그에게 간다. 놀러 간다. 이야기하러 간다.

이번에는 글도 써야 하고 몸도 예전 같지 않아서 명절 만남을 밖에서 외식으로 대신하자고, 남편과 아들들을 설득했다. 며느리들은 내 편이 되어 주리라 믿고.

추석날. 남편 아침으로 토란국과 동태전을 부쳐 놓고, 여덟 시 반 집을 나선다.

하늘을 보니 푸르다. 새 하늘이다. 새 땅이다.

감당할 수 없는 해방감이 몰려오면서 눈물이 글썽여진다.

52년 만에 맛보는 추석날의 외출.

나 혼자만의 날이다.

이렇게도 홀가분하고 이렇게도 숨이 쉬어지고 이렇게도 자유한 것을.

생활이라는 감옥에서 출옥한 것 같다.

나는 왜 감동을 잘하는가

지하철 삼송역에서 친구와 열 시에 만나기로 했다.

그곳에 도착하니, 9시 35분. 8번 출구로 나가니, 친구가 차 문을 열고 나온다. 30분 전에 마중 나와 있는 친구. 멋있다.

친구 집에 들어간다. 집안 어디를 가도 개성 있는 작품이요 미적 분위기다. 거실 커튼이 특히 눈에 띈다. 연한 하늘색 천으로 만든 긴 끈으로 그물망 만들어 늘어뜨린 것 같다.

밤에 그 커튼을 다 쳤을 때, 기하학적 환상에 나는 탄성을 연발한다. "선생님은 참 감동을 잘하세요. 조그만 것에도 감동을 잘해요." 친구의 말이다.

"그래요. 제가 왜 이렇게 감동을 잘하는지 나도 몰라요. 한번 분석해 보세요." "마음이 청빈해서 그래요."

"믿어지지 않는데요. 내가 청빈한 사람도 아닌데… 그러나 청빈해서 감동 잘한다는 분석은 의미가 있네요. 청빈하고 심령이 가난한 사람은 주님이 창조하신 사물을 보고 감동 잘하고… 그 감동은 주님께 드리는 일종의 찬양이 아닐까요?"

내 인생의 한 페이지

나는 어제 추석날, 여덟 시 반에 나가서 오늘 열 시쯤 돌아왔으니, 거의 하루를 삼송리 친구와 이야기하면서 보냈다. 그는 요즘 내가 새로 사귄 친구라 새로움이 많다.

집으로 돌아온 나는 삼송리 친구에게 전화한다.

그가 먼저 말한다.

"선생님은 이번에 내 인생의 한 페이지를 장식했네요… 집 근처 숲길이 좋은데 거기도 못 가 보고, 집에서 꼼짝 않고 앉아서 얘기만 했네요."

"저도 인생의 한 페이지를 썼네요… 아까 오는데, 어느 할아버지가 손자를 안고 가는데 사물처럼 보였어요. 전에는 따뜻하게 보였는데… 내가 더 영적인 시선으로 봐서 그럴까요? … 명절날은 가족이나 조상보다 먼저 신(神) 앞에 서야 하지 않을까요. 인생 한 페이지는 신 앞에서 신과 대면해야지요.

길이요 진리요 생명이신 주님 앞에서 자기 인생의 한 페이지를 썼으면 좋겠어요. 명절 하루만이라도. 감사하면서."

경희(오산) 님의 책 나누기

오산 경희 님 댁에 갈 때, 내 책 한 20권을 가지고 갔다.

그 책 나눈 소식을 소상하게도 전해 왔다.

"먼 길 마다 않으시고 무겁게 메고 선사해 주신 책들이 모두 어디로 떠나갔을까요.

1. 《내가 졸고 있을 때》를 처음 전해 준 동서.

2. 깊은 우울증의 믿음의 친구.

3. 암 투병 중인 권사님.

4. 예수님을 믿게 해 달라고 수십 년간 기도해 온 친구.

5. 깁스한 성가 대원.

6. 포항 요양 병원의 어머니를 뵈러 오가는 길, 맘이 어두운 권사님.

7. 허리를 못 펴는 친구.

8. 류머티즘 환자 두 분.

9. 석 달간 입원 중인 친구.

10. 고마우신 안사돈.

11. 10년 만에 본 조카 부부(목사).

12. 여고 합창의 메조 파트 친구들. 한 번만 빠지고 열심히 나온 네 명에게 선사했습니다. 제가 파트장이고요. 저는 (75세) 개근했지요(오산에서 서울로)."

이렇게 내 책을 유효적절하게 나누고 자세히 기록하시다니… 기록의 힘을 실감한다.

추석날 지하철에서 만난 부녀(父女)

추석날 3호선 대화행 지하철에 앉아 있다.

내 앞에는 60대 아버지와 20대 초반으로 보이는 딸이 나란히 앉아 있다. 나는 책을 보고 있고. 가끔씩 딸이 아버지를 부르는 목소리가 들리는데, 그 소리가 특이하다.

'아빠, 아빠' 하는 목소리에 어리광과 정다움, 살가움, 투정이 묻어 있다. 나는 책을 읽으면서 가끔씩 그 부녀를 본다. 한참 있다가 보니, 딸이 안 보인다. 내가 놀라, 인자해 보이는 그 아버지에게 묻는다.

"따님 어디 갔어요?"

아버지가 웃으면서 손가락으로 저기, 하고 옆 칸을 가리킨다. 그러면서 희색이 가득한 얼굴로 "감사합니다" 하면서 고개를 약간 숙인다. 내가 그들 부녀에게 관심 주어서 고맙다는 말씀이다. '왜 아버지를 두고 옆 칸으로 갔을까?' 하면서, 내가 그 아버지에게 묻는다.

"따님이 아빠, 하고 부르는 소리가 유난히 살갑고 다정했어요. 어리광도 있고. 막내따님이세요?"

"아닙니다."

내가 또 묻는다.

"그럼 맏딸이어요?"

"외딸입니다."

아아 외딸이라 저렇게 아빠 사랑을 독차지하고 살아서 지금도 어리광하는 목소리구나.

내게 대답하는 아버지의 얼굴이 그지없이 흐뭇한 미소와 인자함으로 소중한 행복을 오롯이 안고 있는 표정이다.

추석날 고운 딸 데리고 어디 가는 아버지는 아름답다.

그러나 어쩐지 심심하고 덧없는 '잠시' 아름다움이다.

나는 다른 아름다움을 생각해 본다.

추석날, 찾아오는 자녀도 찾아갈 친척도 없이 가난하고 고독한 아버지의 얼굴을. 그 아버지는 불행하기만 할까. 인간적으로는 불행하게 보여도 영적으로 보면, 저 고운 딸 데리고 가는 아버지보다 더 나을 수도 있다.

고난이, 불행이 사람을 더 만들어 내기에 하는 말이다.

두 번이나 전화하신 서 선생님

오늘 아침. 밖에 나갔다 오니, 남편이 영암 서 선생님에게 전화하라고 한다. 곧 전화한다.

"…지난번에 책 잘 받았다는 전화 하셨지요. 제가 지방에 가서 못 받고 남편이…."

"예에 전화 안 받으셔서 그동안 읽고(기일혜 수필집 39)… 나이가 들면 좀 둔해지기도 하는데, 기 선생님은 더 새롭고 더 젊어지네요… 나는 과수원 그만둘까 하는데, 기 선생님은 더 왕성하시네요." "고린도후서 4장 16절에 '겉 사람은 낡아지나 속은 날로 새롭다'고 하셨어요. 물론 육체에 담긴 영이라 아주 노쇠해지면 못하겠지요."

"내가 선생님 글 처음 읽고 '어머니 같고 누나 같고 연인 같다'고 했는데 어떻게 그런 말을 했는지…."

"저도 그 말씀 듣고, 서 선생님은 참 풍부하시구나 했어요."

책 잘 받았다고 한 번 전화했으면 되지, 그는 두 번이나 하신다. 그래서 그 전화를 내가 더 기억한다.

인간관계에서 좋은 기억은 '신뢰의 시작'이다.

할머니의 전 재산 7만 원

오늘 아침, 손녀(고 3)에게 아귀찜 사 들고 간다고 하니, 남편이 손녀 주라고 3만 원을 준다. 그걸 받아 들고서 나는 생각한다. 모처럼 혼자 집에 있는 손녀에게 무엇으로 할머니 마음을 전할까? 생각하다가, 누구에게 책 사 보내려고 모아 둔 7만 원을 꺼낸다. 그걸 손녀에게 주려고.

그러면서 이런 생각도 든다. 누구에게 내 책(생활 예배 자료) 사 드리려는 걸, 손녀 용돈으로 쓰면 되나? 그러다가 또, 언제 이런 기회가 있겠는가. 할머니라고 손녀에게 무엇 하나 해 준 것도 없고. 지금 내 전 재산(?)인 이 돈 7만 원 주어야지. 주님도 이해하실 거야… 나는 봉투에 쓴다.

'할아버지－3만 원. 할머니－7만 원(전 재산 하하).'

손녀가 오자, 내가 대강 설명하고 웃으면서 준 봉투를 받아 든 손녀는 망설이면서 말한다. "이걸 제가 받아도 되나요? …할아버지(할머니)가 주신 봉투는 다 모아 두었어요."

"그러니, 고맙구나. 할머니도 나이 많아, 언제 세상 떠날지 모르고… 잘 받아 줘서 고맙다."

나를 위한 응원가

오산 김경희 님과 오르가니스트 한 선생이 우리 집에 오셨다. 대화 나누다, 45년 친구라는 두 사람은 자연스럽게 합창한다. 경희 님은 알토, 한 선생은 소프라노.

제목은 〈하나님 마음으로〉 김경희 가사. 곡은 독일 민요 〈봄바람〉 곡.

다음에 경희 님이 혼자 부른 노래는 〈나를 위한 응원가〉 노래 제목이나 발상이 특별하다.

'노랫말 김경희' '곡 1970년대 TV 프로그램 중 기억에 남는 대로' 곡도 재미있다.

> 나는 오늘 많이 좋아졌어요.
>
> 나는 오늘 많이 좋아졌어요.
>
> 감사해요 행복해요. / 많이 많이 좋아졌어요.

'좋아졌어요'를 하루 21번 하면 좋아진단다.

노래로 부르면 재미있게 더 많이 할 수 있다고.

손녀의 기도 부탁

오랜만에 손녀(고 3)와 내가 마주했을 때, 나는 손녀에게 단도직입적으로 묻는다.

"너, 할머니에게 할 이야기나 부탁할 기도가 있니?"

"…애들이 내가 가려는 대학에 많이 가려고 해요. 그래서 요즘 불안하고, 초조해져요."

"그래. 요즘 할머니 경험인데, 입맛 없어서 아침 조금 먹으면 머리가 어지럽고 집중이 잘 안 되더라. 아침밥 충분히 잘 먹고 나면, 그날은 어지럽지도 않고 머리가 맑아. 집중해서 생각도 깊이 하고 글도 많이 쓰고. 아침밥을 잘 먹어야 한다. 체력이 튼튼하면 불안이나 초조감도 줄어들고 집중력, 지구력도 생기지… 그리고 할머니는 너 대학 어디 합격하게 해 주세요, 하는 기도는 안 해. 그건 기도가 아니야. 자기주장이나 욕심이지. 기도는 하나님께 여쭤 보는 거야. 너라는 생명 만드신 하나님이 네 적성, 취향, 실력 다 아시니까. 네 모든 것 아시는 분이 너에게 가장 합당한 대학에 갈 수 있도록 인도해 주시라고, 아뢸 뿐이야."

그것이 부럽다

아침 식탁에 놓여 있는 내 스마트폰 케이스가 너덜너덜하다. 남편한테도 좀 창피해서 옆으로 살짝 치우면서 나는 지나가는 말로 한마디 한다.

"꽃집 박 선생님은 이 너덜너덜한 스마트폰이 부럽대요. 나는 그분이 가진 세련된 가죽 케이스가 좋아 보이던데. 그 분 앞에선 솔직히 좀 부끄럽기도 했는데, 의외의 말을 하시네요."

"그거 산 지가 한 7, 8년 됐나…?"

언젠가 아들이 바꾸자고 한 걸 내가 마다고 했다. 아직은 쓸 수 있는데, 그것도 바꾸려면 돈 만 원은 든다는데, 사방 천지가 쓰레긴데, 나 하나라도 줄여야지 하고.

남편이 내게 말한다.

"그거 하나 글로 쓰지. '그것이 부럽다'라고."

"아이… 그걸 뭐 글로 써요. 근데 이상하지요. 단정한 박 선생님이 이 너덜너덜한 걸 부럽다고 하니, 참 이상하기도 해요."

그런 박 선생님 심중이 궁금하기도 해서, 그날 오전에 그에게 전화로 이 이야기를 하니까, 이런 말씀을 덧붙인다.

"나는 그 스마트폰이 부러운 게 아니고 그런 걸 가지고 다니는 선생님 삶 전체가 부럽다는 거예요. 나는 그렇게 못 사니까."

자기가 못 사는 삶을 사는 사람, 그를 부러워한다는 박 선생님. 냉정한 자기 응시의 시선을 가지고 있다. 박 선생님 안에 주님이 계시기에 그렇다.

그는 주님에 대한 애끓는 사모함이 있다.

나는 그의 주님 사모함을 부러워한다. 나는 도저히 미칠 수 없는 그의 주님 사모함.

나는 그것이 부럽다.

살아 있는 글과 죽은 글

아귀찜 가지고 가서 손녀 만나고 오다가 오랜만에 지인을 만났다. 그 지인 따라가며 이야기 듣다가 지하철 두 번이나 바꿔 타고, 집으로 가는 시간이 많이 걸린다.

마음은 풋풋하지만 몸은 고단해서 체력이 바닥인 채 집에 도착한다. 곧 어디서 전화가 오고.

의왕시의 젊은 친지다. 얘기 주제는 이것이다.

어느 분에게 내 책을 주고 독후감을 물어도 대답이 없다는 것. 그런가 하면 어떤 이들은 책을 받자, 제목부터 자기에게 꼭 필요한 것이라면서, 어서 집에 가서 책을 읽고 싶다고도 하고… 다른 얘기도 간간이 섞이면서, 그의 전화는 내 느낌의 시간으로 한 30분 이상 계속되는데, 나는 기진맥진, 숨이 넘어가려고 깔딱깔딱. 그래도 전화 끊자는 말 못하고, 질질 끌려가다가 결국 저녁 기다리고 있는 남편 생각하고서야 "남편 저녁은 안 차리세요?" 하면서 겨우 살며시 전화를 끊는다.

그날 밤, 누워 있는데 불편하다.

아직도 그분은 할 얘기가 있는 것 같았는데, 내가 먼저 '남편 저녁은 안 차리세요?' 넌지시 끊자고 했으니까. 친지는 민망해 하면서 끊었다.

다음 날 아침, 그 친지에게 휴대폰 문자로 사과한다.

"어제저녁, 전화를 불성실하게 받고 무례하게 끊어서 사과하려고요. 내가 어제, 점심도 잘 못 들고, 손녀 만나고 오던 길에서 지인 만나 얘기 많이 들어주고 탈진해 돌아와서, 숨넘어가려고 깔딱깔딱했으니까요."

침착한 의왕시 친지는 이렇게 대답한다.

"그러면 '나 피곤하니 다음에 전화하자'고 하면 될 일인데…."

"나는 그걸 못한다니까요. 숨이 깔딱깔딱할 때까지 참다가 겨우 한마디 한다니까요. 세상 살기 힘들어요."

전화나 이야기나 삶이나 질질 끌려가면서 거반 죽어 갈 때까지 사는 나. 그래서, 내게 산다는 것은 깔딱깔딱 숨넘어가는 고통이기도 하다. 그런 고통에서 나오는 글 한 편이라야 조금은 살아 있는 글이 되지 않을까. 쉽게 얻어지는 삶에서는 생명 없는 죽은 글이 나올 수밖에 없는 것 아닐까 한다.

추석 탈출

추석날. 나는 혼자 있는 삼송리 친구 집에서 온종일 놀고, 온 밤을 보냈다.

그 뒤. 다른 친구를 만나서, 나는 추석날 외출, 외박으로 하루 해방되었다고 하니, 그가 이렇게 말한다.

"해방이 아니라 탈출이네요… 명절 앞두고 나(66세)는 한 사흘 전부터 시들시들해요. 그러다가 죽을 각오하고 이를 악물고 장 봐다가 음식 만들고… 추석 전날 오후엔 누워요. 누워서 쉬지 않으면 안 돼요. 우리가 큰집이니, 형제 우애하려고 죽을힘을 써서 음식 만들어요."

추석 이튿날인가. 지하철 노인석에 앉아 있는데, 옆자리의 아낙이 내게 자꾸 얼굴을 기댄다. 가만히 받아 준다. 아낙이 눈을 떴다. 내가 웃으면서 아낙에게 말한다.

"추석에 일 많이 하셨군요." "없어졌으면 좋겠어요."

명절날이 없어지지 않고 주부도 즐겁게 보낼 방법은 없는 것일까?

행인에게 꽃다발 드리는 사람

추석 전날 들은 이야기다. 꽃집 박 선생님은 꽃집 문 닫고 일산에 있는 안집으로 가신다.

궁금한 내가 묻는다.

"그 꽃들 다 어떻게 했어요?"

"꽃다발 스무 개 만들어서 지나가는 사람들에게 다 나눠 줬어요. 다들 좋아하지요. 명절에 꽃다발 주니까. 외국 사람도 둘이나 있었어요. 티벳 사람."

꽃다발 스무 개, 값으로 치면 수십만 원어치다. 그러나 멋있고 좋은 소식이다. 그 이야기가 더 내 맘에 남는 이유는 박 선생님의 이 말씀 때문이다.

"꽃 냉장고에 넣어 두면, 다시 팔 수도 있어요. 전에는 그랬지요. 그런데 이번엔 다 나눠 줬어요… 선생님한테 물 들었어요. 그것도 흠뻑!"

"그랬어요… 사람들이 명절에는 많이 가진 것을 이렇게 나누면 좋겠어요. 돈 많으면 돈을, 옷 많으면 옷을, 뭐든지 많이 가진 자는 적게 가진 이웃에게 나누면 좋겠어요."

사촌이 논을 사면 잔치를 한다

포항 명선 님에게 책을 좀 보내 드렸다.

오는 10월에 미국 따님 댁에도 가지고 가신다고 해서. 곧 책 받았다는 전화가 오는데, 그야말로 환희에 찬 목소리다. 그렇게도 기뻐하시다니.

"선생님, 책을 왜 그리 많이 보냈습니까? 딸한테 한 권 가지고 가도 되는데… 선생님 때문에 제 자존감이 높아집니다."

"저는 두 자매님(명선, 명애)들 때문에 영적으로 허술한 부분이 경건하게 채워집니다…. 거기 명애 님 계시면 좀 바꾸시겠습니까?"

명애 님은 언니랑 두 손자 돌보느라, 언니 집에 같이 있으니까. 명애 님이 곧 내 전화를 받는다. 언니가 환희의 목소리로 소프라노라면 동생은 나지막하게 절제된 알토 목소리다.

"…선생님, 저로 해서(명애 님이 명선 님을 내게 소개함) 언니가 저렇게 기뻐하니까, 그게 제일 좋습니다. 제가 특별히 뭐

한 일도 없는데….”

언니가 기뻐하는 걸 뭣보다 좋아하는 동생 명애 님이다.

명애 님은 명선 언니가 기뻐하는 걸 내 기쁨 위에다 놓고 있다. 이스라엘에서는 사촌이 논을 사면 잔치를 한다고 한다. 가족 친척의 유익을 내 개인의 유익 위에다 놓고.

명애 님도 언니의 기쁨을 내 기쁨 위에 놓고 있다.

열무나물

울주군 온양면 차현주 님을 만나러 포항으로 갔다.

이튿날 아침. 밥상에 앉아서 나는 현주 님에게 묻는다.

"이렇게 좋은 반찬을 두고, 어제저녁은 왜 식당 밥 사 주셨어요?"

"나는 식당에서 손님 대접하는 게 더 잘 대접하는 줄 알았지요."

"이 맛있는 반찬을 두고, 이 열무나물은 임금님 상에도 오르겠네요."

구수하고 고슬고슬한 밥. 갈치조림, 금방 뽑아다 무친 실파 겉절이, 가지나물, 콩잎 머위대 장아찌. 이 반찬은 어젯밤 식당 음식에 비할 바가 아니다.

우리 의식 속에는 허례허식 문화의 잔재가 남아서 손님이 오면 무리해서라도 잘 대접하려고 하는 것 아닐까.

'주부가 함빡 웃으면 냉수 한 컵으로 파티를 할 수 있다.'

서양 속담이다. 우리는 그 속담에서 배워야 한다.

어느 테너의 커피 하우스

어느 도시 변두리의 어느 커피집. 어느 친지의 지인인 어느 테너 가수가 운영하신다. '어느'가 네 번이나 나온다. 작가는 그의 실명을 감추어 주고 싶기 때문이다.

이태리에 가서 본격적인 성악 공부하신 실력만큼이나 커피나 차도 잘 만드신다. 카페라테에 만든 러브 사인이 커피 다 마시도록 지워지지 않는다. 허브차가 나왔는데 유리 찻잔이 한없이 투명해서 한참을 들여다본다. 비결을 물으니, 유리잔을 덥게 해서 린넨 천으로 천천히 잘 닦는다고.

손님들 주문이 잠깐 줄어든 시간에 그는 커피하우스 주변의 정원을 거닌다. 그는 이 순간도 노래를 생각하고 있을 것이다. 그를 보면서 나는 이런 주제넘은 생각을 해 본다.

저 테너에게 이 삶의 현장이 무대가 될 수는 없을까.

예술적인 찻집 분위기와 주변의 아름다운 자연 정원.

이 공간에는 지금 자연이 만들어 내는 음악이 흐르고 있는데, 이곳이 바로 훌륭한 무대가 아닌가. 관객이 적다고, 고급 관객은 적어도 좋다. 그가 지금 정원을 거닐고 있을

게 아니다. 이 커피집 안으로 들어와서 이태리 명곡 아니라도 〈새야 새야 파랑새야〉라도, 한 곡 불러 줘야 한다. 그러면 그도 살고 관객도 즐겁지 않을까.

내 얘기라 좀 안 됐지만 나는 도시 농촌 바닷가 산골 어디라도, 내 이야기 듣겠다고 하면 간다. 강사의 체면이나 작가의 자존심보다 사람 좋아하는 마음이 더 강하기 때문이다. 한 사람이라도 내 얘기 듣겠다고 하면 달려간다.

내가 좋아하는 일에 사람 숫자가 문제인가.

그렇게 해서, 나의 부족은 채워지고 새로워진다.

앞으로도 나는 더 채워지고 더 새로워질 것이다.

역경 지수(逆境指數)

역경 지수. 지하철역 승강장 벽에 붙어 있는 '사랑의 편지'에서 본 글이다.

> 지능을(사람의) 평가하는 수치를 지능 지수(IQ)라고 한다면 역경을 극복하는 능력은 역경 지수(AQ)로 표현합니다. 미국의 커뮤니케이션 이론가 폴 스톨츠가 만든 이론입니다.
>
> 스톨츠는 역경 지수를 등반에 비유했습니다. 난관에 부닥쳤을 때 포기하고 내려오는 사람이 있다면 적당한 곳에서 캠프를 치고 안주하는 사람이 있습니다. 그러나 이를 극복하면서 앞으로 나아가는 사람이 있는데, 이러한 유형의 사람이 역경 지수가 높다고 설명합니다. 그리고 앞으로 우리의 사회는 그 어떤 지수보다 역경 지수가 높은 사람을 필요로 할 것이라고 말합니다. 역경을 이겨내는 능력을 숫자로 표현할 수는 없습니다. 그러나 자신에게 주어진 고난을 극복하려는 노력이 하나의 재능으

로 인정받을 수 있다는 사실은 주목할 만합니다.

지능이나 감성과는 달리 역경을 극복하는 능력은 천부적인 재능이라기보다 자신의 의지에 달려 있기 때문입니다. 이 세상의 모든 오르막은 끝이 있습니다. 포기하지 말고 조금만 더 오르다 보면 편안한 길을 만날 수 있습니다. 혹, 다시 오르막을 만나더라도 두려워하지 마십시오. 당신은 당신이 생각하는 것보다 훨씬 강해져 있기 때문입니다.

내 어머니는 말수가 적고 오래 참고 견디는 사람이다.

시집와서 말을 잘 안 하니, 근엄한 시어머니도 어려워했다. 근엄한 시어머니, 무능한 남편과 많은 자녀들 데리고 살면서 참고 견디는 것이 어머니의 일상이고 삶이었다.

고통의 절정에 있을 때 찍은 어머니의 사진이 있는데, 그 사진을 보고 있으면 우화를 많이 쓴 지혜의 천재 이솝과 비슷하다는 느낌이 든다. 이솝 사진을 본 적이 없지만 그의 많은 우화의 이미지가 만들어 내는, 내가 생각한 얼굴이다.

많은 인생을 끝까지 참고 살아야만 생기는 삶의 철학과 지혜가 내 어머니에게는 있었다. 어머니는 내가 보기에, 지능 지수나 감성 지수도 높지만 무엇보다 역경 지수가 높았다고 생각한다. 나는 도저히 따라갈 수가 없는 어머니.

"고난당한 것이 내게 유익이라…"(시편 119:71).

가영 엄마의 지갑

동해남부선 남창역에 내리니, 가영 엄마(차현주 님 이질녀)가 기다리고 있다.

포항에서부터 나와 동행한 명애 님과 가영 엄마 셋이서 택시로 현주 님 집 쪽으로 간다. 택시 기사 옆에 앉은 가영 엄마가 택시비를 낸다.

우리 일행이 현주 님 집 근처 식당으로 들어가니, 현주 님 외에 두 분이 앉아 있다. 우리 일행 세 사람까지 여섯.

추어탕 여섯 그릇 주문하니 돈이 5만 원이 넘는다.

식사가 거의 끝나 가자, 가영 엄마가 얼른 일어나더니 흔쾌히 계산대로 간다. 나는 누가 돈 내는 것 보면 그 사람이 아까워하면서 내는지 흔쾌히 내는지 안다.

내가 서울로 와서 추어탕 값 낸 가영 엄마에게 책 열 권 보내 드렸다. 시골에서 택시비, 추어탕 값 5, 6만 원 낼 여윳돈이 어디 있는가? 서울 사람에게도 5, 6만 원은 큰돈이다. 그런데 흔쾌하게 낸다. 물질(돈)은 다 주님 것이라는 하나님 중심의 물질관에서 나오는 행동이다.

내가 보내 준 책 열 권 받아서 《가난을 만들고 있을 때》를 읽었다면서, 그 속에 '이 세상에서 가장 애교가 많은 여자'를 보면서 울었다고, 가영 엄마는 울먹인다. 그 눈물도 귀하다. 그러나 나는 그 눈물보다 더 믿는 게 있다.

그의 거듭난 지갑이다. 택시비도, 추어탕 값도 흔쾌히 착착 꺼내던 그의 지갑. 그는 이 달 생활비를 5, 6만 원 줄여야 할 것이다.

그는 농촌에서 혼자 사시는 외로운 이모님(차현주 님)을 위해서, 5, 6만 원어치 가난을 만들었다. 그는 이 달 생활비 5, 6만 원 줄어든 만큼, 그만큼 절약하고 불편하게 살 것이다. 내가 편안히 살 수 있는데, 나보다 더 약하고 더 필요한 분에게 나누고, 나는 그만큼 불편하게 가난하게 사는 것, 이것이 '가난을 만드는 삶'이라고 생각한다.

'나는 사람의 눈물보다 거듭난 지갑을 더 믿는다.'

어느 신학자도 지갑이 거듭나야 참 거듭남이라고 했다.

내 가난은 내 평안이다

평생을 가난하게 살고.

지금도, 가난을 만들어서라도 살고 싶은 나.

왜 나는 가난을 만들까? 평안을 얻고자 함이다.

가난함 속에서만 내 영혼이 평안하다.

사람들은 저마다 평안을 구한다.

나도 평안하려고 소극적이지만 가난을 만든다.

예수님은 부활 후, 제자들에게 나타나 말씀하셨다.

"너희에게 평강이 있을지어다."

세 번이나 말씀하셨다.

'평강하다'는 '평안하다'.

사람에게는 평안이 중요하다는 말씀이다.

누가복음(6장)에도 가난한 자는 복이 있다고 말씀하셨다.

가난함에는 마음의 평안이라는, 복이 있다는 말씀 아닐까.

나는 가난을 만든다. 내 마음이 평안하려고.

이 불안한 시대에 나는 '작은 가난'이라도 만들면서 산다.

그러므로 나는 평안하다.

기일혜 수필집 40
내 가난은 내 평안이다

초판 1쇄 발행 | 2019년 12월 30일
초판 2쇄 발행 | 2020년 1월 7일

지은이 | 기일혜
발행인 | 임만호
발행처 | 도서출판 **크리스챤서적**
주　소 | 서울 강남구 선릉로 112길 36 창조빌딩 3F(우:06097)
등　록 | 제10-22호(1979. 9. 13)
전　화 | 02) 544-3468~9
F A X | 02) 511-3920
e-mail | holybooks@naver.com

책임편집 | 장민혜
디자인 | 이선애
제　작 | 임성암
관　리 | 양영주

Printed in Korea
ISBN 978-89-478-0356-4 03230

정가 4,000원

※ 잘못된 책은 바꾸어 드립니다.